算数の活用力を育てる授業

ワークシートつき

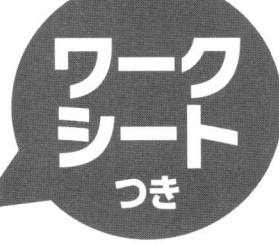

1年生~6年生の20の実践例

編著 坪田耕三
筑波大学附属小学校副校長

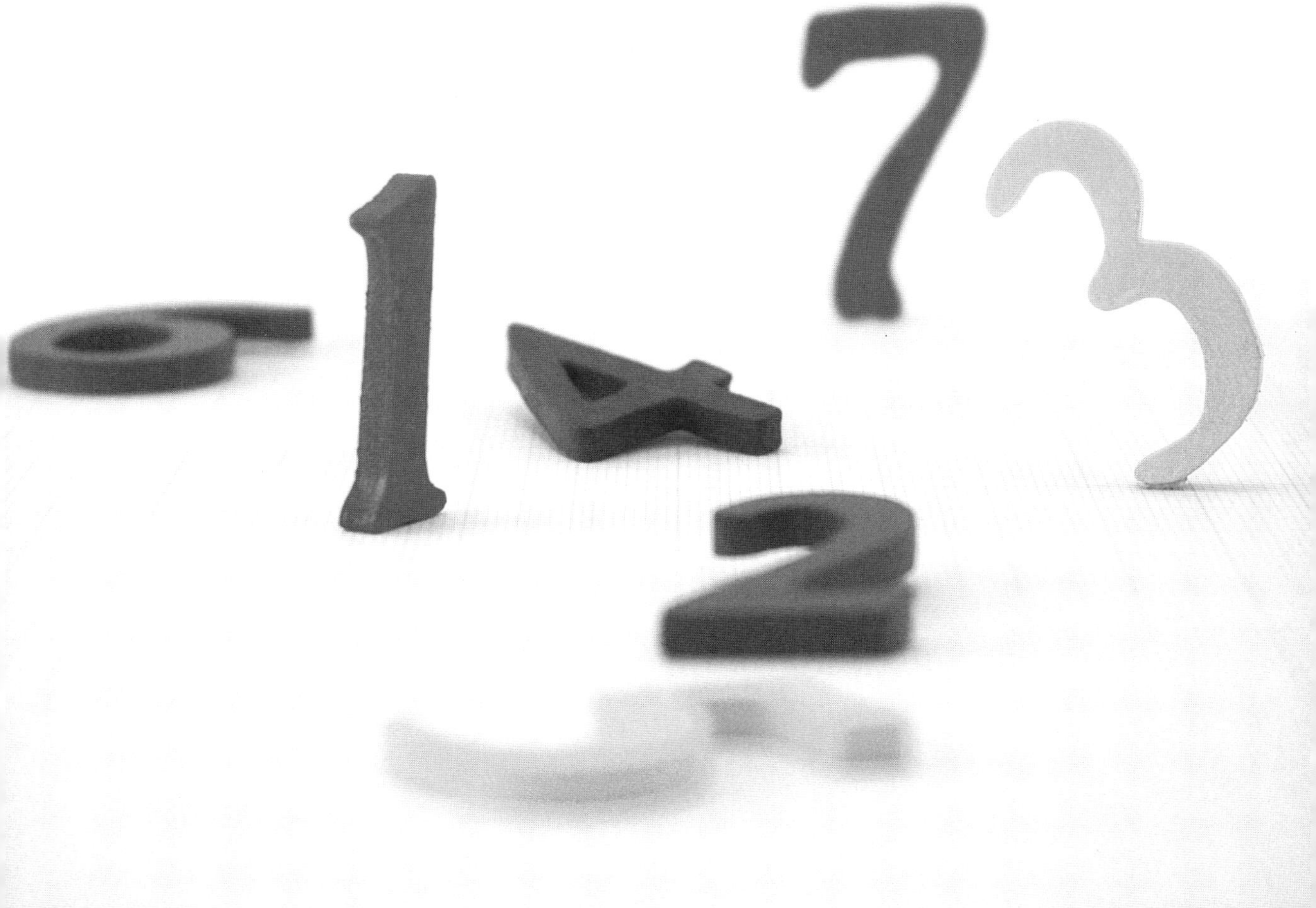

はじめに

　算数の問題について、「答えはいくつですか。」「何メートルですか。」などという問いにはたやすく答えられる子どもも、「どのように求めましたか。」「なぜそのようになりますか。」「式の意味を説明しなさい。」「問題を作ってみましょう。」「他にも答えはありませんか。」「図をかいてごらんなさい。」といった問いには、なかなか答えられない。

　これからの日本の教育を考えるとき、算数授業においては、どのような子どもの力を伸ばしていけばよいかを考える視点がここにある。ここに示したような問いに答えられる、思考力・表現力の優れた子どもに育てていかなければならないことは明らかである。

　算数の授業で育てたい力は、筋道立てて説明する力であり、不変のものを見出す目である。そして、一つのことに興味を持ったら、それから発展した追究活動を続けられる子どもにしたい。こんな子どもを育てていくには授業の改善が必要である。一方的な知識の伝達型授業から脱却して、子どもが自ら発見し、知識を創造する創造型授業を目指さなければならない。

　算数科においては、国際的に見て、現在の我が国の子どもには「活用力」が不足していると言われている。この力をつけなければならないとの声がしきりである。

　つまるところ、この活用力とは、問題を「深める（発展）力」「広げる（応用）力」「使える（適用）力」「繋げる（関連）力」「作れる（創造）力」「読める（分析）力」である。こんな力を育成するには授業の改善が必要なのである。そのための工夫が、教師には必要になってくる。

　本書には、このような授業の工夫に応じられるように、たくさんの活用力をつける問題例が掲載されている。また、活用力育成の問題と共に、実際の授業にも使えるように解説が加えられている。ぜひとも教室でお試しいただき、子どもの豊かな力を伸ばしてほしいと願うものである。

平成19年11月

筑波大学附属小学校副校長　坪田　耕三

算数の活用力を育てる授業
CONTENTS ◎目次

はじめに ... 2

第1章 文部科学省学力調査 ― 問題からみる「活用力」 ... 5

第2章 どんな活用力が必要か ... 11

第3章 活用力を育てるための授業とは ... 19
　低学年 ... 20
　中学年 ... 24
　高学年 ... 31

第4章 活用力を育てる問題と授業の在り方 ... 37

1年
- おはじきのかずはいくつ？（たしざんとひきざん） ... 38
- ながさをくらべよう（ながさ） ... 42

2年
- とくするあめの買いかたは？（たし算とひき算） ... 50
- おはじきの数をしらべよう（かけ算九九） ... 54

3年
- ようこそ！遊園地へ！（千までの数，四則計算，時こくと時間） ... 58
- 安いのはどちらの店？（計算のくふう） ... 62

4年
- いちばん人気のチームは？（折れ線グラフ） ... 68
- 三角形の組み合わせを考えよう（三角形） ... 72
- 階だんにしくじゅうたん（かけ算とわり算） ... 80
- いろんな問題をつくってみよう（計算のくふう） ... 84

5年
- かんたん！三角形の面積の求め方（面積） ... 88
- 分数の大きさをくらべてみよう（分数） ... 92
- なぞなぞ1位は何年生？（割合） ... 96
- ケーキを4つに分けてみよう（円の面積） ... 100
- 六角形の中の三角形は？（円周と円の面積，図形の角） ... 104

6年
- マーマレードを作ろう（単位量あたりの大きさ，倍数・約数） ... 108
- らくらく消費税の計算法（小数・分数のかけ算） ... 112
- 時刻表を読もう！（単位量あたりの大きさ，速さ，比例） ... 118
- 音の速さを考えよう（速さ，比例） ... 122
- こんなときにはどのグラフ？（比例，グラフ） ... 126

第5章 座談会 ―算数における活用力とこれからの算数― ... 131

第 **1** 章

文部科学省学力調査──問題からみる「活用力」

授業者の心がけ
~文部科学省・学力調査の問題から算数授業改善の方向を~

筑波大学附属小学校　坪田耕三

1．全国学力調査

　平成19年4月24日に，全国の小学校6年生と中学校3年生に悉皆の調査が行われた。
「全国学力・学習状況調査」と言われるものだ。国立教育政策研究所教育課程研究センターによるものである。

　国立学校は100％，公立学校は愛知県犬山市以外すべて（99.9％），私立学校は61.5％の参加率であった。小学校6年生と中学校3年生が対象となって，これから毎年続けられることになる。

　このような調査そのものの在り方についての議論は別にして，調査の内容を見ると，そこに今後の授業改善の在り方がうかがえるのである。このことについて，我々現場教師は前向きに受け止めていくことが有効であると思う。きっと算数教育の発展につながるだろう。

　算数の問題は，AとBに分けられ，Aは「主として『知識』に関する問題」で，Bは「主として『活用』に関する問題」であった。

　世間の目は，B問題の「活用」ということに集中している。私もこのB問題の中身に注目することでずいぶん授業改善ができるのではないかと思う。

　だが，その前に，A問題にも目を向けてみたい。

　例えば，4に「演算決定」の問題があった。
「210×0.6」の式で求められる問題を選択するものである。これは小学生が，算数の世界で大きな一段を上るところだ。

　国立教育政策研究所教育課程研究センターが，同年5月に配付した全国学力・学習状況調査の「解説資料」には，この問題について次のように書かれていた。

- 0.6mのリボンの代金は1mのリボンの値段の0.6倍であることを基に，3が210×0.6で答えが求められると判断する。
- （1mのリボンの値段）×（リボンの長さ）＝（リボンの代金）などの言葉の式を基に，3が210×0.6で答えが求められると判断する。
- 1mの値段が210円のリボンを6m買ったときの代金は210×6で求められるというように，問題の数値を整数に置き換えて考え，3が210×0.6で答えが求められると判断する。

※平成19年度 全国学力・学習状況調査 解説資料 小学校算数／国立教育政策研究所教育課程研究センター（p.24）

しかし，子どもは「×0.6」と表記することそのものに疑問を持っている。
「0.6『倍』と言うのだからよいだろう。」「言葉の式に当てはめるからよいだろう。」「6倍のときと同じことだろう。」と解説されているが，果たして，こんなことで納得するだろうか。なかなか難しいところだ。
「倍」という言葉の使われ方についてもいろいろ話さなければならないし，言葉の式に小数が組み込まれてもよいのかも話さなければならない。まして，整数が成り立ったのだから小数もよいのではないかと考えるのは，一見わかりやすそうだが，清水の舞台から飛び降りるような覚悟でやることだ。
かけ算をすれば，答えはもとの数より大きくなるという世界で考えていた子どもが，かけ算の世界で1より小さい小数，例えば「0.6」をかけると，もとの数より小さくなることに不思議を感じるのだ。
昔の人は，これを「6掛け」と言った。私は子どものころ，なぜ6をかけるのに小さくなるのか不思議でならなかった。「×0.6」の表記が無いので，前後の文脈から判断していたのだろう。
このことのギャップを先生がどのように子どもに納得させていくのか，ここに本当の授業力がある。こんなことは教科書通りにやっていればよいとか，教える先生が納得している方法を押しつけるというのでは駄目だ。まずもってこのことの内容に大切さを感じる目，このことについてどのように授業するかを考える力，教室で子どもと向き合ったとき，子どもはどのように考えて，悩んでいるかを受けとめる感性，これらを持とうとすることが本当に真摯な授業者の心がけなのである。

2．「活用」問題についての具体的指摘

次に，B問題に限って具体的にいくつかの点を述べる。
B問題は全体的に，根拠を説明することを要求している「活用力」を問うものが多かった。具体的に見直してみよう。

①は，鍵形の花壇の周囲の長さや面積に関わる問題。「事象の数学的な解釈と表現（花壇）」の問題である。
図と式を結びつける力，式の読み取り，類似の問題との共通点の発見を問うものである。「式を読む・式に表す」といった算数的考え方，及び統合的見方が要求される。
「6×9－3×5」という式が何を表すのか，これを読み解く力が要求される。これには，常に授業の中で，仲間が黒板に書く式を，別の子が解説するといった方法で，みんなで互いに「式を解釈する」体験を繰り返すことが有効になる。
また，設問（3）（ある図形の部分の面積と別の図形の部分の面積が同じになるわけをか

かせる問題）に見られるように，一見すると別の問題になっているようなものを統合して同じ問題と見る眼は「自分で問題を作る」という体験から身に付いていくものだ。ここでいう「問題を作る」というのは，問題の条件を少しずつ変えながら発展させていく活動をいう。長方形の中にある網掛けの小さな長方形が移動して上の辺にくっついたとみたり，真ん中に移動したとみたり，角にくっついたとみれば，これらの問題は同じ構造になっていると解釈できる。衣装が異なっても，骨組みは同じというわけである。

つまり，平素，答えだけを求められればよいという授業を展開していたのでは到底身に付かない力が要求されている。平素の授業で式の意味を聞いたり，問題作りを取り入れたりすることが有効になる。

②は，「25 × 12」の計算を，ただ筆算で行うだけでなく，数感覚に基づいて，工夫した計算を考えるものである。「計算法則を用いた工夫（チョコレート）」の問題である。

「25」という数を見たときに，4倍すれば100になると直観することが大事だ。そうすれば，12 を（4 × 3）とみて，（25 × 4）× 3 と見直し，100 × 3 とすれば，あっけなく300 と答えが求められる。

こんな方法を知って，「では，『25 × 32』の場合であればどうか」と問うものである。数に対する感覚，これは学習指導要領でも目標に挙げているものだが，今後大いに注目して授業の中に取り入れるべき事柄となる。筆算の方法を教え込んで，あとはただ計算ドリルで訓練あるのみ，という時代ではなくなったと解釈していきたい。

ちなみに，数に対する感覚にはいろいろな場合が考えられる。

① 数の大きさに対する感覚
② 数の構成に対する感覚
③ 計算の性質に関する感覚
④ 数の意味に関する感覚
⑤ 数の美しさに関する感覚

ここで扱われているのは，「③計算の性質に関する感覚」であろう。

③は，棒グラフの読みに関わる問題。「情報の選択と解釈（漁業）」の問題である。

一つのカテゴリーの内実を知るという読み取りが必要である。あるいは，比較のためにひき算的に見る棒グラフ，わり算的に見る帯グラフを読み取る力が問われた。

「比較」という言葉の漢字はどちらも「比（くら）べる」，「較（くら）べる」と読む。

前者はわり算の結果を解釈すること，つまり「割合」で比べることを言う。そして，後者はひき算の結果を解釈すること，つまり「差」で較べることを意味している。

調査の「解説資料」にも右ページのような「棒グラフと帯グラフの対比」が載っていて，このことが理解しやすい。

（例）棒グラフと帯グラフの対比

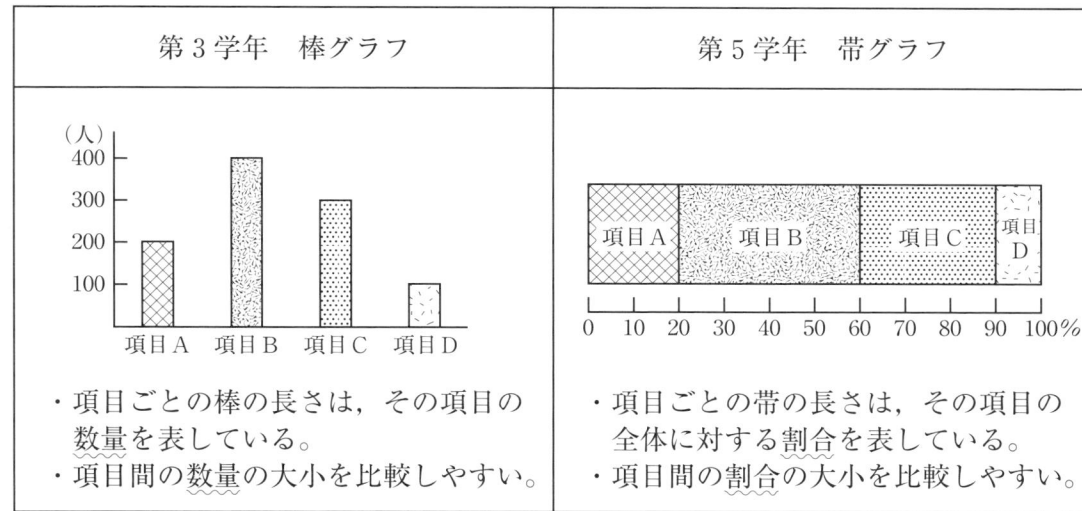

※平成19年度 全国学力・学習状況調査 解説資料 小学校算数／国立教育政策研究所教育課程研究センター（P.49）

　このような統計的な読み取りの力を算数の授業の中で大切にしていかなければならないことが主張されているように思う。

　4は，「情報の分類整理と問題解決（ケーキ）」の問題である。
　ケーキ屋のケーキの価格について，いくつもの条件が加わって，それらを組み合わせて条件に合った買い物をするという場の問題である。
　頭の中に具体的なイメージがわかないと，文章だけでは読みこなせないだろう。低学年のうちから，問題を文章だけで理解するのでなく，劇化したり，具体的な図や操作を交えて理解したりする活動があると，このような場面もイメージしやすい。そのような授業を「ハンズオン・マス」と言う。体験的な算数活動を言うのであるが，これからの授業では大いに必要になろう。

　5は，地図を読み取って条件に合った道を探す問題。「事象の観察と判断（道路）」の問題である。
　正しい答えが一つではない。
　算数の問題に正しい答えがいくつか設定され，それらを吟味していく授業は「オープンエンド・アプローチ」と呼ばれる。そんな授業も今後は大いに取り入れていきたい。
　また，地図上で，どちらの道のりが長いか，どちらの公園が広いか，そのわけを書かせる問題がある。どちらも「なぜ」という問いに対する答えを式で書いたり，言葉で説明したりする力が要求されている。
　授業の中で常に「どうしてそう思ったの。」と聞いていく態度が，先生にも子どもにも身に付いていることが大事になる。

6は,「数学的表現の解釈と判断(走り高跳び)」の問題である。

　与えられた数式を使って問題を解釈するのだが,解答をするときに,いちいち全てを計算しなくても結果がわかるといった論理を要求している。A－B＜(A＋C)－Bということが説明できる力が必要になる。

3. 授業改善へ

　このような問題のどれも,これまでにない論理的説明の力を求めていることがわかる。このような問題に求められることは,一夜漬けでは対応できない力と,日々の授業改善なのであろうと解釈してみたらどうだろう。

　全国の小学校の授業者が,これによって日々の授業を見直し,さらにもっと低学年のうちからこれらの問題が要求しているような力を付けられるように問題を工夫し,みんなで考える授業を大いに実施していくべきと考える。

　キース・デブリン著『数学する遺伝子』(早川書房)の中に面白い言葉があった。

　「数学を学ぶもう一つの,もっと平凡な理由は,『科学的に考える習性』というデューイの言葉のなかに見られる。大多数の人にとっては,数学や科学の内容よりも,思考の様式のほうが重要である。科学では,証拠を集めて検討し,その証拠を判断の基礎とし,論理的に考え,新たな証拠にもとづいて自分の意見を変えることをいとわないということが必要になる。(中略)散歩やジョギングの日課が体にいいのと同じように,数学的思考の日課は頭にいい。」

　まずもって,不変のパターンを見つけること,「なぜ」を考えること,考えた内容に大切さを感じる目が重要であり,それらのためにどのように授業するかを考える力,教室で子どもと向き合ったとき,子どもはどのように考えて悩んでいるかを受けとめる感覚をみがくことが,本当に真摯な授業者の心がけなのである。

全国学力・学習状況調査の調査問題・正答例・問題趣旨については以下のURLから参照することができます。
・文部科学省／全国学力・学習状況調査について／平成19年度全国学力・学習状況調査の調査問題・正答例・問題趣旨について
　http://www.mext.go.jp/a_menu/shotou/gakuryoku-chousa/index.htm
・国立教育政策研究所／平成19年度全国学力・学習状況調査の調査問題・正答例・問題趣旨について
　http://www.nier.go.jp/homepage/kyoutsuu/tyousa/tyousa.htm

第2章

どんな活用力が必要か

算数における「活用」について

筑波大学附属小学校　坪田耕三

算数の学習を「活用」することについて，次のように考えてみたい。
①「深める（発展）」・②「広げる（応用）」・③「使える（適用）」・④「繋げる（関連）」・⑤「作れる（創造）」・⑥「読める（分析）」といった活動がこのことにあたると考える。

1.「深める（発展）」活動

これには，「問題を作る」という活動が考えられる。

問題のしくみを深く理解すればするほど意味のある問題が作れる。一つの問題を解決して終わりとするのではなく，数量を変更してみたり，図形を変えてみたり，条件と答えの部分を入れ替えてみたりして子ども自身が問題を作っていくことは，問題を発展的に考察する，より高度な数学的な考え方を育成するだろう。

文部科学省の『特定の課題に関する調査』（平成17年実施）に「マッチ棒の問題」があったが，これはまさしく，次々と問題を発展させるもので，そのよい例である。

初めに，マッチ棒で正方形を作り，それが6個つながったときに本数の合計を問い，次に「もしも，正方形が100個になったら」と考え，さらに「正方形でなく，正三角形だったら」と発展させ，ついには「正方形でなく立方体をつなげたら」と考える。このような活動を平素行っていくことで，こんな問題に立ち向かう能力を育てることができる。

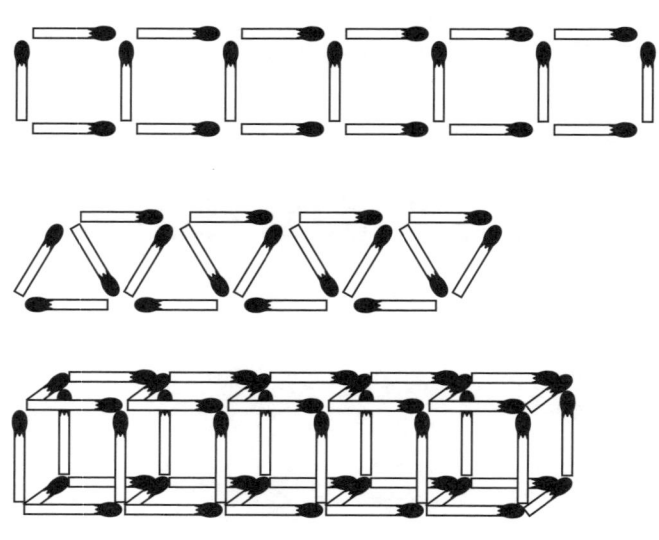

2.「広げる（応用）」活動

これには、基本の考えを生かす幅広い応用が考えられる。最も大切な基本の考えをもとに、その筋を生かす問題について考えることが大いに奨励される。

例えば、立方体の展開図を考える。

工作用紙で作った立方体模型を切り開く。その時に、切り開く辺の数に着目する。どんな展開図になろうと、切り開く辺の数は7本になる。このことは共通な事である。なぜだろう。立方体にはもともと12本の辺があった。これが開かれると、6個の面が5カ所でつながった状態となる。5カ所の辺がそのまま残るわけだ。したがって、12−5＝7（箇所）が切り開いた辺の数であるということになる。他にも理由が考えられるが、これもその一つ。要するに、6個の面は、それぞれ4本ずつの辺を持ち、これが立体になると、2本で1本の辺（稜）となるので、立方体の辺の数は、4×6÷2＝12（本）という基本の考えがわかっていないと使えない。基本の考え方を利用しつつ、応用して考える場を作っている例である。

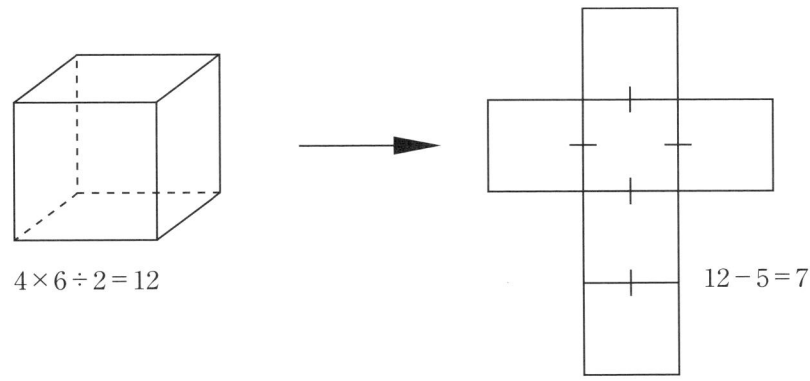

3.「使える（適用）」活動

　これには，算数の内容を日常の生活に生かす学習が考えられる。

　そして，それによって感動的な出会いがあることが算数の学びを豊かなものにする。

　例えば，円の学習を例に考える。

　運動場に下の図のようなセパレートコースを作る。その際に，等しい道のりを一周する競走のスタート地点をどのように決めるか。実際に一周の長さを実測して長さが等しくなるように決める手もあるが，計算してできることも考えたい。すると，その結果，コースの幅だけが問題になることに気づく。AとBのコース一周の差は，幅を半径とする円周分だけだ。他の条件は入らないことに気づく。幅さえ測ればスタートラインは決定する。こんなことに気づけばちょっとした感動である。

　計算で求めるならば，下の図の場合，$22 \times 3.14 - 20 \times 3.14 = (22 - 20) \times 3.14 = 2 \times 3.14$ となって，これはコースの幅1mを半径とする円一周分の長さだけが差となることがわかる。

　そして，これはまた，計算しなくても，図を変形してみれば，一目瞭然である。二つの円の幅を変えずに，徐々に小さくしていけば，最終的に内側の円が極小になって点とみなされたとき，2つの円周の差は，幅を半径とする円一周分となることは明らかであろう。

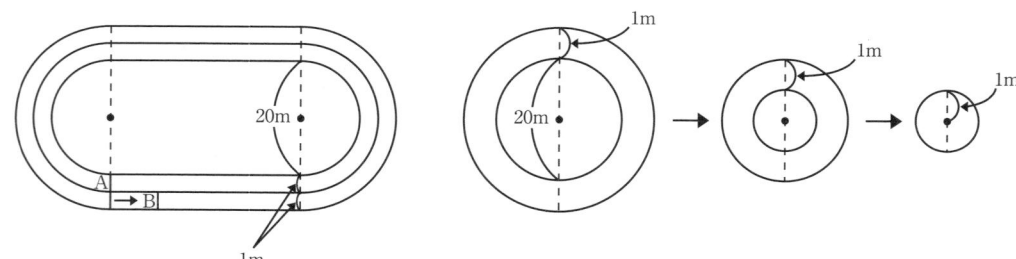

4.「繋げる（関連）」活動

これには，算数の内容に関連する他の教科の内容などを総合的に扱うことが考えられる。

しくみが同じと見られるものを一緒にしたり，事象や場面が同じものを一緒にしてみたりすると，違ったもの，ばらばらに見えたものが同じものに見えてくる。

また，関連性のないものをあえて繋げてみると，全く新しいものが見えてくるときに統合する目，発展させて考える力が身に付いてくる。

例えば，五角形の中に引かれる対角線と辺の数の合計を求める。5個の色違いの球を箱の中に入れて，その中から2個の球を取り出し，その組み合わせを考える。

これは一見して別々の問題に見えるが，図を描いて解く方法などから，徐々に違った問題が同じ問題に見え出す。

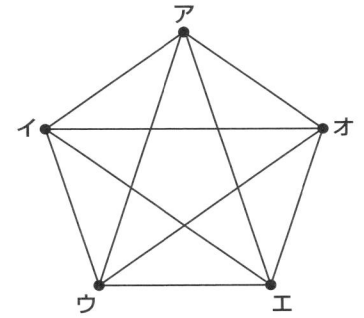 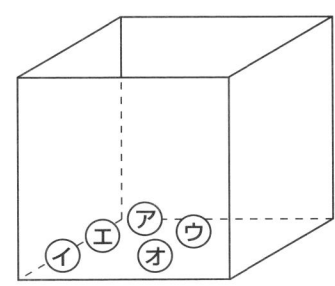

さらに，理科の天秤の学習に反比例の関係を関連づけて学ぶということも一つの工夫となる。また，社会科の様々なデータを調べる活動に関連づけてグラフの学習も生かされる。帯グラフで，時間の経過による変化などは発展的な扱いとして大いにやっておくべきことかと思われる。

5．「作れる（創造）」活動

　これは，ハンズオン・マスの考え方が生きる体験的な算数的活動である。正三角形を扱った際に，正三角形だけで囲まれる立体を実際に作ってみる活動は小学生でもできる。
　正三角形4つで囲まれた正四面体は，袋を使って簡単に作ることもできる。
　この他に，正八面体，あるいは正二十面体が作れる。サッカーボールの模様などまでよくわかることになる。

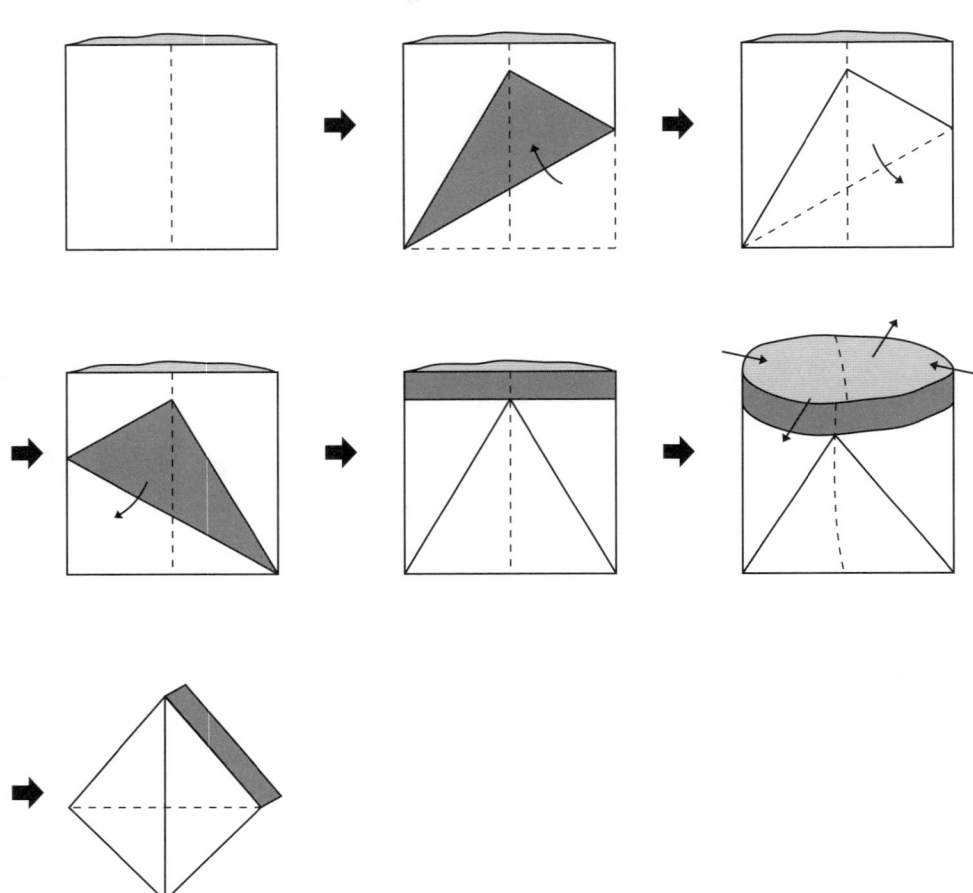

6.「読める（分析）」活動

　これには，推測する力や条件を選択したり，不備を補ったりする力が大きく関わってくる。表やグラフの読み，条件過剰の問題，あるいは，条件不足の問題などを大いに授業の中に導入することで，こういった力も付くはずである。オープンエンドの問題を使った授業なども有効である。文部科学省が出している『個に応じた指導に関する指導資料－発展的な学習や補充的な学習の推進－』でもこのことが奨励されている。

　本書の中で紹介されている「ケーキを4つに分けてみよう（円の面積）」などの問題は，まさにオープンエンドの問題である。

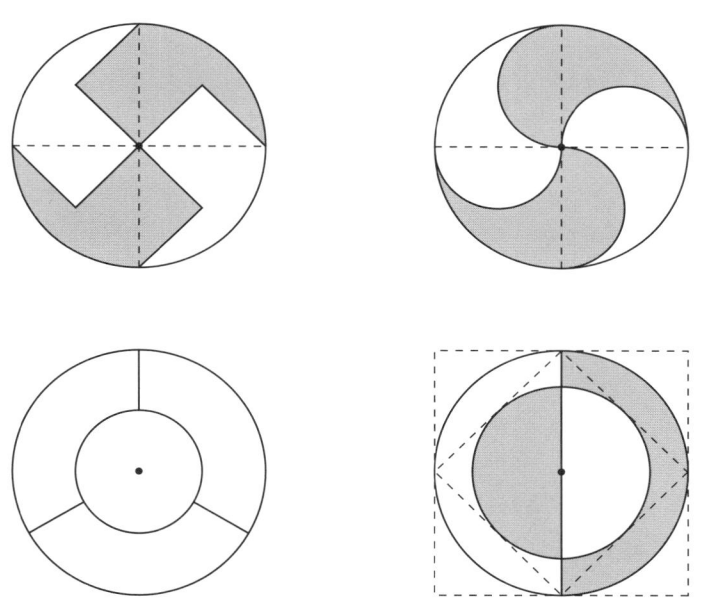

第3章

活用力を育てるための授業とは

活用力を育てるための授業とは
～低学年で育てたい活用力～

筑波大学附属小学校　盛山隆雄

1．低学年における活用力とは

　低学年における活用力とは，低学年で学習するたし算やひき算，かけ算九九などを使って，問題を解決する力である。しかし，5＋3＝8，12－5＝7，3×8＝24といった計算を正しく速くできるようにいくら練習しても，活用力を育てることはできない。それは，活用力に次のような意味があるからである。

　1年生の子どもは，新しい漢字を教えてもらうと，嬉しくて日記などに使おうとする。
「ぼくは，木のあうともだちがたくさんいます。」
「木」も「気」も学習済みの段階での話であるが，この場合，「気」と書くところを，誤って「木」と書いてしまっている。この誤りは，前後の文脈からどの漢字が使えるかを判断できなかったり，「気」や「木」の意味理解が不十分であったりするときに起こる。

　つまり，国語においても算数においても，知識を活用するには，活用する場面や文脈に合うように，持っている知識の中から使えるものを選択することが必要になる。正しく選択するには，持っている知識の意味をよく理解しておくことが大切である。

　さらに，問題場面から必要な情報を選択する，という場合もある。特に日常生活における問題では，立式に使える情報のみが登場しているわけではない。問題解決に必要のない情報も含まれているのが普通なのだから，そこから問題解決に必要な情報を選択するということが大切になる。

　最後に，筋道を立てて考える力（数学的思考）と振り返って考える力（反省的思考）を挙げておかなければならない。活用力は，単なる適用とは区別して捉えたい。何段階かの思考を経て答えを導くような力が活用力と言うにふさわしいのである。そのような筋道を立てて考えたことは，必ず振り返って本当に正しいのかどうかを確かめてみることが必要である。また，もっと簡単な考え方はないのかと方法を改善したり，いつでも使える方法はないのかと一般化したりする態度が大切である。振り返って考える力とはそういう意味である。

　実は，今まで述べてきたことは，けっして低学年のみにあてはまることではない。中学年でも高学年でも，同じように言えることなのである。

　今，新しい学習指導要領が出ようとしている。日本の子どもに育てたい学力の新たな視点が「活用力」といっても過言ではないだろう。

　いかにしてこの「活用力」を算数授業で育てるのか，もう少し具体的に授業レベルで話を進めたいと思う。

2．活用力を育てる授業の視点

（1）意味の理解を深める

　かけ算の意味を学習する場面である。右のように並ぶおはじきを見せて、「このおはじきは、2×6と6×2のどちらの式で表されるでしょう？」と聞く。

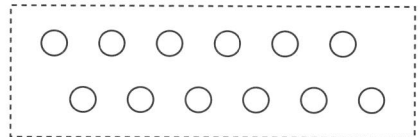

　この場合、両方の式が正解である。この12個のおはじきの形をどう見るかによって、両方の式で表すことができるのだ。

　この活動は、グルーピングといって、1つ分にあたる数を決めさせる活動である。図からかけ算を読み取る活動と言ってもよい。

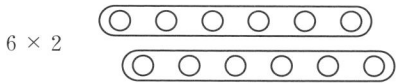

　このときに大切にしなければならないのは、「どうして2×6なの？」と聞いて、図のように、線でおはじきを囲むと同時に、その式になるわけを子どもに説明させることである。

　例えば、「1つ分が2個で、それが6つ分あるから2×6だと思います。」や「このおはじきの全部の数は、2＋2＋2＋2＋2＋2で2を6回たすから、2×6になります。」といった説明である。

　このわけにあたる部分が、かけ算の意味（定義）にあたる。この説明は、子どもの意味理解を深めることになるし、教師側からすれば子どもの意味理解を評価することになる。

　さらに、このような授業展開をしていくと、子どもは気づくはずである。「まだあります！」と言った声が出てくることが期待できる。

　右のようなグルーピングをすると、3×4や4×3ができる。また、同じ式でも様々な1つ分の作り方が可能である。

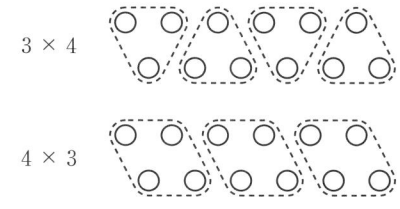

　このような授業を通して、かけ算の意味理解を深めるのである。同時に、多様な見方や図と式を結びつけた見方を学ぶのである。

　活用力を育てるには、基礎となる知識や概念の意味理解の指導を充実する必要がある。

（2）情報を解釈する，選択する

　右のような問題がある。

　この問題には、数値が3つ入っている。問題の立式には、この3つの数値の中から2つの数値を選択しなければならない。

　1年生の場合、たった1つ余計な情報が入るだけでも混乱することがある。丁寧に扱うことで、情報過多の問題に慣れさせることが大切である。

> りんごが かごに はいっています。7にんが 1こずつ もらいました。まだ かごにりんごが 6こ のこっています。
> りんごは ぜんぶで なんこあったでしょう。

正しい式は，7＋6または6＋7である。このときに問題になるのは，7の名数は「にん」であり，6の名数は「こ」になっていることである。この名数の違いにとまどう子どもが多い。情景をイメージして，7人が1個ずつ持っているのだから，「りんごが7個ある。」とその7の意味を置き換えることができれば，スムーズに立式できるだろう。

　授業では，図を描いてこの問題場面を理解することが大切になる。それが，情報を解釈するということにつながる。

　情報選択の問題といえば，約40年ぶりに行われた全国学力・学習状況調査の算数B（活用）の問題5が注目される。平行四辺形の形をした公園と長方形の形をした公園の，どちらが広いかを問う問題であった。この問題の正答率が低かったのは，平行四辺形の面積を，「斜辺×底辺」で求めてしまったためである。図には，高さにあたる長さと斜辺にあたる長さの両方が入っている。情報過多の状況で，高さと底辺にあたる長さを取り出して面積を求めることができない子どもが多かったのである。このように，文章だけでなく，図から必要な情報を取り出して，立式をする問題を扱うことも大切である。

　(1)の意味理解のところで，おはじきの図を見て立式を判断する問題を提示したが，そのような問題場面を扱うことが必要なのである。

(3) 筋道を立てて考える，振り返って考える

　全国学力・学習状況調査の算数B（活用）の問題4(2)のケーキのねだんを考える問題の内容は，たし算やひき算が中心である。内容的には中学年レベルだが，6年生の問題として成立しているのは，筋道を立てて考える力を必要とするからである。

　筋道を立てて考える力をつけるには，授業において子どもがどのように考えたのかを丁寧に取り上げ，子どもの考えた筋道を整理して，すべての子どもに理解させていくことが大切である。

　例えば，右のような問題を2年生で扱った場合を考えてみよう。3要素2段階の問題であるが，どのように筋道を立てて考えればよいのだろうか。

　この場合は，図を活用することである。なぜなら，図に数値を整理することで，問題の構造を理解しやすくなり，考える見通しを立てやすいからである。また，考えたことを説明しやすいからである。

> 40円の えんぴつを 1本と，15円の がようしを 1まい かいます。100円を はらうと，おつりは いくらでしょう。

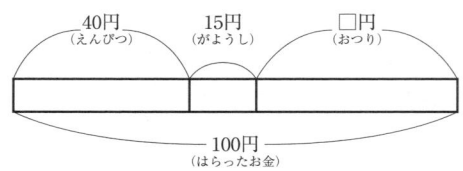

　この図を見ながら，言葉の式に表してみると，次のような式ができる。

| （はらったお金）－（えんぴつの代金＋画用紙の代金）＝（おつり） | …① |
| （はらったお金）－（えんぴつの代金）－（画用紙の代金）＝（おつり） | …② |

　見通しを立てるときは，実際の数値で式を立てるより，言葉の式に表したり，どのようにすれば答えが求められるかを，図をもとに説明したりする活動のほうが有効である。

①と②の違いについては，図と照らして考える必要がある。品物の代金をまとめてからひいたのが①で，それぞれ個別にひいたのが②である。①と②は，一見違うように見える式だが，支払ったお金から品物の代金をひくということでは同じである。そのようなことを実際の買い物の場面と照らして考えることが大切である。

実際の数値で式に表すと，次のようになる。

・100 － (40 ＋ 15) ＝ 45　　…①
・100 － 40 － 15 ＝ 45　　……②

答えが45円と出たとする。このときに問題解決を終わりとしないで，振り返って確かめることを大切にしなければならない。2段階，3段階の計算をしてきた場合，どこかで間違いが生じている可能性があるからである。

この場合だと「本当に45円かな？どうやって確かめてみようか。」と問いかけ，確かめ方を考えさせることをしなければならない。例えば，(品物の代金)＋(おつり)＝(はらったお金)なので，40＋15＋45＝100として，確かにおつりが45円であることを確かめる。

振り返って考えるということは，本当にこの答えで正しいのかということを確かめるだけではない。問題の条件を変えて，一般化したり，発展的に考えたりすることもその1つとして考えられる。

「もしも」を使って，いろいろ問題を考えてみる。「もしも，えんぴつ1本が50円だとしたら」「もしも，はらったお金が500円玉だったとしたら」というように数値を変更しても，同じような言葉の式で解決できるか考えてみる。

また，右図のように「えんぴつの代金がわからなかったけれど，おつりが25円でした。えんぴつはいくらだったのでしょう。」として，未知数の箇所を変えるのも面白い。

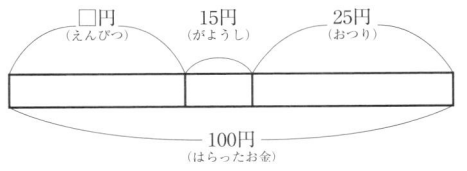

振り返って，問題にさらに関わっていくことで，より一般化したり，発展的に考えたりすることができる。振り返って考えるとは，そのような意味もあると考えている。

3．終わりに　－知識・技能の授業をおろそかにしてはならない－

低学年の子どもでも，活用力をつけるための授業をしていくことが大切である。活用力は，知識・技能を活用する力である。だから，知識・技能を身につけていることを前提に，どうやって活用力をつける授業をするのか，と考えがちになる。

しかし，実は活用力をつけるには，活用する知識や技能をどのように身につけさせるかが問題になると考えている。教師の教え込みによって，薄っぺらな知識・技能を身につけさせていたら，活用力は育つわけがない。「2．活用力を育てる授業の視点」で述べてきたことは，知識・技能の授業にも十分生かせることと考えている。よりよい授業を目指していくことが大切である。

将来を担う日本の子どもが，活用力を育てる授業を通して，算数の有用感を得て学べるように，われわれ教師は授業づくり，授業改善に邁進しなければならない。

活用力を育てるための授業とは
～中学年で育てたい活用力～

学習院初等科　大澤隆之

1.「読める（分析）力」を育てる授業

「きまりを見つける」という関数的な見方・考え方や「説明する力」は，低学年から育てていくべき大切な力である。まとめていうと，「読める（分析）力」である。分析ができて，初めて深めたり，広げたりできるのである。中学年には，この力を育てる魅力的な教材がたくさんある。

例えば，3年生の最初に，かけ算九九表の特徴や性質について学習する。かけ算九九は2年生での学習だが，2年生での表の見方と違って，3年生では，より分析的に九九表を見ることになる。

同じ答えが3つってなぜ？

どの段も，かけられる数ずつ大きくなること，9の段の答えの十の位の数字と一の位の数字をたすと9になることなどは，2年生のときに学習している。

	かける数								
	1	2	3	4	5	6	7	8	9
1									9
2					10		14	16	
3			9						27
4				16					36
5		10							
6						36			
7		14							
8		16							
9	9		27	36					

(かけられる数 / かける数)

3年生では，さらにきまりを見つけていく。例えば，同じ答えが2つあるもの，4つあるものを探す。2つあるものには，10，14，27などがある。なぜ2つあるのかを考える。

なぜかが自分で見つけられない子どもには，「式に直してみましょう。」という助言をすると，どの子にもわかってくる。

　2×5と5×2，3×9と9×3がペアになっていることがわかる。

　そのうち，子どもは答えが3つあるものに気づく。9，16，36などがそれだ。これは，ペアにならないのか。すると，真ん中に斜めの線が見えてくる。（前ページの図に点線で示した。）ここの答えの九九を見ると，3×3，4×4，6×6のように，同じ数どうしをかけていることがわかる。だから，ペアがないのだ。

　3年生の子どもにもこの説明はできる。気がついた子が説明をするだけではなく，隣の人どうし説明をしあったりすることにより，全員に説明する力を付けていくことができる。

> 斜めに並んだ数にもきまりが・・・

　斜めに並んだ数に注目したところで，「ここにもきまりがないかな。」と問いかける。増え方に着目すると，1，(3増える) 4，(5増える) 9，(7増える) 16，(9増える) 25，…となっていることに気づく。

かける数

	1	2	3	4	5	6	7	8	9
1	1								9
2	2	4						16	18
3	3	6	9				21	24	
4		8	12	16		24	28		
5			15	20	25	30			
6				24	30	36			
7			21	28	35	42	49		
8		16	24			48	56	64	
9	9	18					63	72	81

（かけられる数）

　ここで，「その先はどうなっているのだろう。」「ほかのところはどうなっているのだろう。」「ほかに同じようなきまりがあるところはないだろうか。」と考えようとする子どもに育ってほしい。それが活用力のうちの「読める（分析）力」のスタートなのである。

　子どもから反応が出ない場合は，「次に，何を調べてみたい？」と問いかける。すると，子どもは「その先を調べたい。」「ほかの列ではどうなっているのだろう。」といった反応を示すようになる。

次の列は，2，(4増える) 6，(6増える) 12，(8増える) 20，(10増える) 30，…となる。その次は，3，(5増える) 8，(7増える) 15，(9増える) 24，(11増える) 35，…となる。増え方が，ひとつおきに，2，4，6，8と，1，3，5，7というパターンがあることを子どもは発見するだろう。この形でいくと，81の次は81 + 19で，100になることが見通される。10 × 10は100だから答えは100だが，「ほかに調べたいことはないかな。」とさらに問いかける。

> 逆の斜めに並んだ数にもきまりが…

「逆の斜めはどうなっているか調べたい。」という反応が期待される。

調べてみると，9，(7増える) 16，(5増える) 21，(3増える) 24，(1増える) 25，(1減る) 24，(3減る) 21，(5減る) 16，(7減る) 9となる。

その次の列は，18，(6増える) 24，(4増える) 28，(2増える) 30，(0増える) 30，(2減る) 28，(4減る) 24，(6減る) 18となる。

今度は，増えてから減っていく。そのパターンも，ひとつおきに，2，4，6，8と，1，3，5，7となっていることを子どもは発見するだろう。

そして，そのきまりを使って，その先（10の段）の答えを見つける。18から8を減らして，10である。その場所は，10 × 1の場所だ。

一の位に着目して調べると，さらにきまりが見えてくる。そして，1の段と9の段，2の段と8の段に似たパターンがあることを発見する。

なぜそうなるかは3年生の子どもが説明することは難しいが，九九表がきまりに満ちていることに気づくに違いない。

きまりそのものに着目させることで，「ほかにきまりがないかな。」と子どもたちは考えるようになる。その結果，数感覚が育ち，「読める（分析）力」が伸びていくのである。

2．「作れる（創造）力」を育てる授業

4年生では，円の学習がある。円周は，円の中心から等距離にある点の集まりである。これが三次元になると，球になる。それを使って，教師が手助けをすることにより，活用力を育てることができる。

しかし，円の描き方やコンパスの使い方だけを指導しておしまいにすると，技術の習得だけで終わってしまう。活用力を育てるには，それだけの準備が必要なのである。

> 円の描き方のひみつ

アのように円を2つ並べて描く。ただそれだけだが，そこにはいくつもの約束が潜んでいる。

アの形からイの形を描く。中心をどこにすればよいか。「作れる力」は，ここで発揮される。

考えた形をどう作ればよいか，その見通しを立てることで，「作れる力」が育つ。

ただし，闇雲に「このあたり」と決めさせるのではなく，論理的に「ここ」と判断させることが大切である。イを描くためには，3つ目の円の中心を探さなければならない。その円は2つの円の中心を通る。つまり，3つ目の円の中心は，2つの円の中心から等距離にある。図では，点線上にある。3つ目の円の半径は，2つの円と同じだから，2つの円の円周上にある。したがって，その交点が円の中心となる。

ア 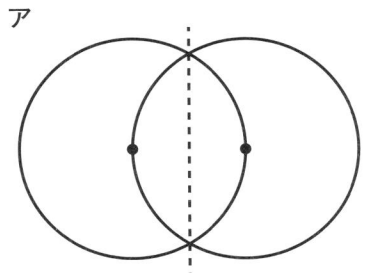　　　　イ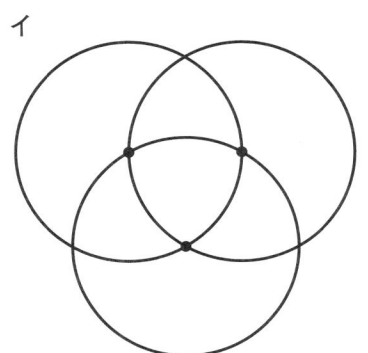

子どもは，そこまで論理的に考えず，直観的に中心を見つけるだろう。そこで，教師が「なぜその点が中心なのですか。」と問うことが大切だ。子どもは，なんとなく直観でそこを見つけたのに，そのわけを言葉で表さなければいけなくなる。論理を意識する瞬間である。

子どもから，「2つの円のまん中にあるから。」「円周の重なった点だから。」といった言葉が期待される。

イの中に，ルーローの三角形（*）がある。円があると，それがどのようにして描けるかわかる。そこで，「この，真ん中のおにぎりのような形を切り取って，タイヤのように線の上を回転させて進めたいと思います。どのように転がるでしょうか。」と聞いてみると面白い。

次のページのウの形を描くには，どうしたらいいか。アの形と三角定規でできる。まず円の中心どうしを結ぶ線を引く。そして，一方の円の中心に三角定規を当て，垂直に線を引く。その直線と円周の交点が3つ目の円の中心である。

*ルーローの三角形…定幅図形の1つ。定幅図形とは，2本の平行線ではさんだときの間隔が，図形のどこで測っても一定な図形のこと

ア 　　　　　　　　　　ウ

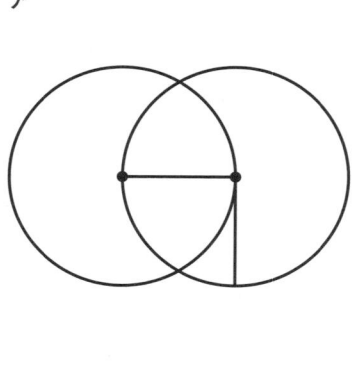
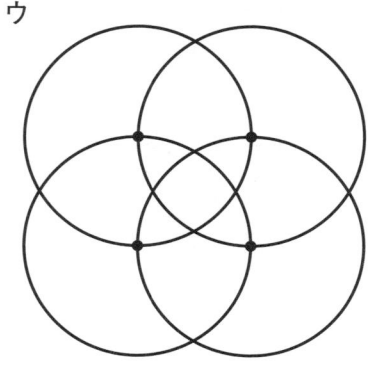

エ 　　　　　　　　　　オ

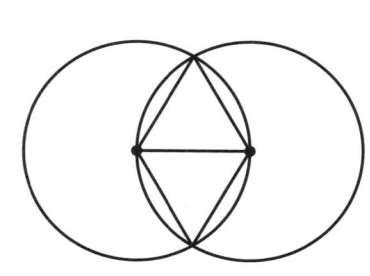

　エの正方形の中に，フットボールを重ねたような，おなじみの形が見える。「この部分だけを大きく描いてみよう。」と促すと，子どもはその図を円の一部と意識して描く。この活動は，高学年での面積などの学習で1/4円を意識することに役立つ。

　また，アの形に半径をいくつか描いてオのように三角形や四角形を作る。「できた三角形はどんな三角形ですか。」「それはなぜですか。」という発問をして，「すべての辺が円の半径になっているから正三角形になる」ことを導く。次に，「ここに直線や円をたして，正三角形や二等辺三角形を作ってみましょう。」と促す。子どもは，今意識した「半径」や「直径」を使って等しい辺を描こうとする。この意識が，「作れる（創造）力」を伸ばすのである。

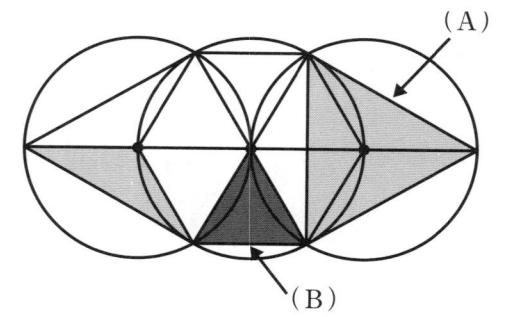

大きな三角形（A）が二等辺三角形であることは，内部の上下の三角形が同じ形になっている（直径に対して線対称である）ことから説明できるだろう。しかし，もう1辺をコンパスで測らないと正三角形とは言えない。

（B）が正三角形であるかどうかは，測ってみないとわからない。二等辺三角形であるこ

とまでは判明するが，もう1辺はコンパスで測る。または，三角形を切り抜いて重ねたり回したりする。

3.「深める（発展）力」・「繋げる（関連）力」を育てる授業

　中学年における「深める（発展）力」を育てる活動については，第2章「深める（発展）」活動を参考にしてほしい。マッチ棒の問題は，まさに中学年の問題である。「マッチ棒で正方形を続けて作っていきます。正方形が6個になったとき，マッチ棒は何本いりますか。また，100個では何本いりますか。」という問題である。自分なりに発展させるのが，ここで子どもに望まれる，伸ばしたい力である。

　このように，4年生の「変わり方」の単元では，これから中学校・高等学校に繋がっていく関数的な見方を中心に，「深める（発展）力」を育てていく。「深める（発展）力」は，発展だけではない。ほかの子どもの意見をよく聞き，それがどのように関連しているのかを考えさせ（「繋げる（関連）力」），活用力を高めることができる。

数え方は1つではない

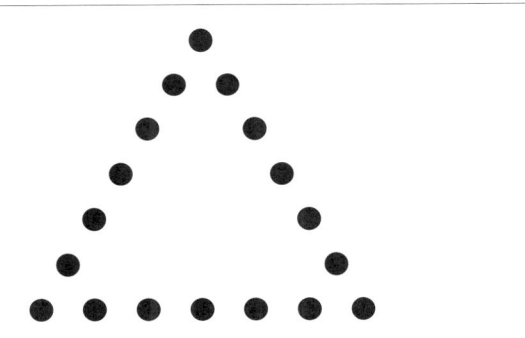

　右の図のように，おはじきを正三角形に並べます。一辺におはじきを7個並べたとき，おはじきは全部で何個いるでしょう。

　子どもの考えを式に表し，その式だけをたよりに，どのように考えたのかをほかの子どもに考えさせる活動をさせたい。この式を読む活動こそが，活用力を育てる。

ア）$(7 - 1) \times 3 = 18$
　　C1：「この式の，7 − 1って何だろう。」
　　C2：「このような6個のかたまりだと思う。」

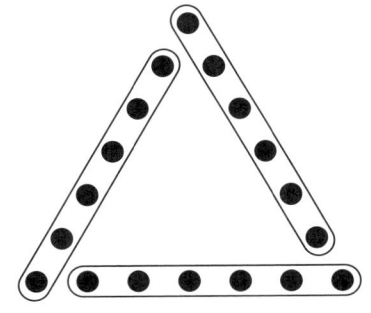

イ）7 × 3 − 3 = 18

　　C3：「この式の−3って何だろう。」

　　C4：「頂点を重ねて2回ずつ数えているから，それをひいたんだ。」

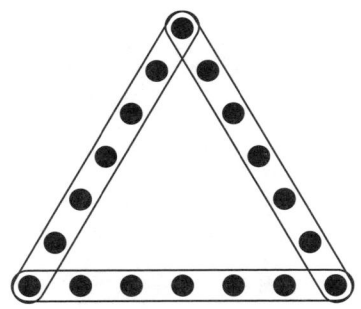

ウ）7 + 6 + 5 = 18

　　C5：「この式は，何を表しているのだろう。」

　　C6：「重ならないように1辺ずつ数えたんだ。」

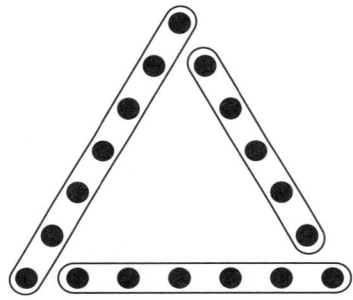

エ）(7 − 2) × 3 + 3 = 18

　　C7：「この式は，3をたしているけれど…。」

　　C8：「頂点を後から数えたんだ。」

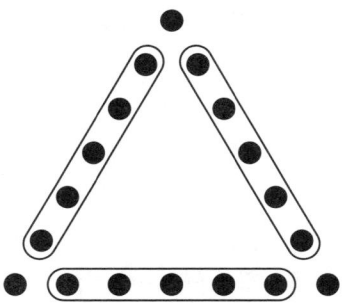

T：「どの数え方も，頂点にあるおはじきをどうやって数えるか，工夫しているね。」（「繋げる（関連）力」）

活用力を育てるための授業とは
～高学年に焦点をあてて～

山形大学地域教育文化学部　笠井健一

1．なぜ今，活用力か

　教育課程の改訂作業が進められているが，その過程で『第3期教育課程部会の審議の状況について』（平成19年1月26日の配付資料）がまとめられている。その中で，次のように言われている。

　「基礎的・基本的な知識・技能の育成（いわゆる習得型の教育）と自ら学び自ら考える力の育成（いわゆる探究型の教育）とは，対立的あるいは二者択一的にとらえるべきものではなく，この両方を総合的に育成する具体的な方策を示すことが必要である。このため，いわば活用型の教育ともいうべき学習を両者の間に位置付ける方向で検討を進めている。

　すなわち，①基礎的・基本的な知識・技能を確実に定着させることを基本とする。②こうした理解・定着を基礎として，知識・技能を実際に活用する力の育成を重視する。さらに，③この活用する力を基礎として，実際に課題を探究する活動を行うことで，自ら学び自ら考える力を高めることが必要である。このような過程を各教科等に即して具体的に検討している。」

　ここで，「基礎的・基本的な知識・技能の着実な定着については，実生活との関連やその後の学習の基盤としても重要な事項を重視」すると述べられており，具体的には，算数・数学においては，例えば，「学年間等で反復（スパイラル）する教育課程を構成することによる計算能力などの確実な習得」が必要であるという。

　「同時に，これらの知識を活用し，探究型の学習へと発展させる観点から，これまで必ずしも具体的な過程が明確ではなかった思考力や表現力の育成などを各教科等において相互に関連付けながら図る」と述べられており，具体的な方法として，算数・数学では，「言葉

習得型の教育と探究型の教育をつなぐものとしての活用型の教育

や数，式，図，表，グラフなどの相互の関連を理解し，それらを用いて説明・表現する指導の充実」を検討することとしている。

　すなわち活用型の教育とは，探究型の学習をしようとしてもすぐにはできるようにならない子どもに，ある種の教育をすれば探究型の学習ができるようになるのではないかと考えて行う教育である。

２．探究型の学習とはどのように行うのか

　そこで活用型の教育とは何かを述べる前に，探究型の学習とは何かを述べることにしたい。

　探究型の学習とは，一言で言えば，問題場面を解決するための学習である。より詳しく言えば，「まず問題場面があり，その問題場面の解決にどのような算数・数学が使えるかの判断があり，その算数・数学に従って問題を解き，結論が最初の問題場面の解決となっているかを判断することで，考えた算数・数学が使えるかどうかの判断をする」学習である。

　すなわち，私は，PISA調査の枠組みと同じと考えている。例えば，『PISA2003年調査評価の枠組み』（2004年／国立教育政策研究所・監訳）p.29には，数学化サイクルとして次のような図がかかれている。

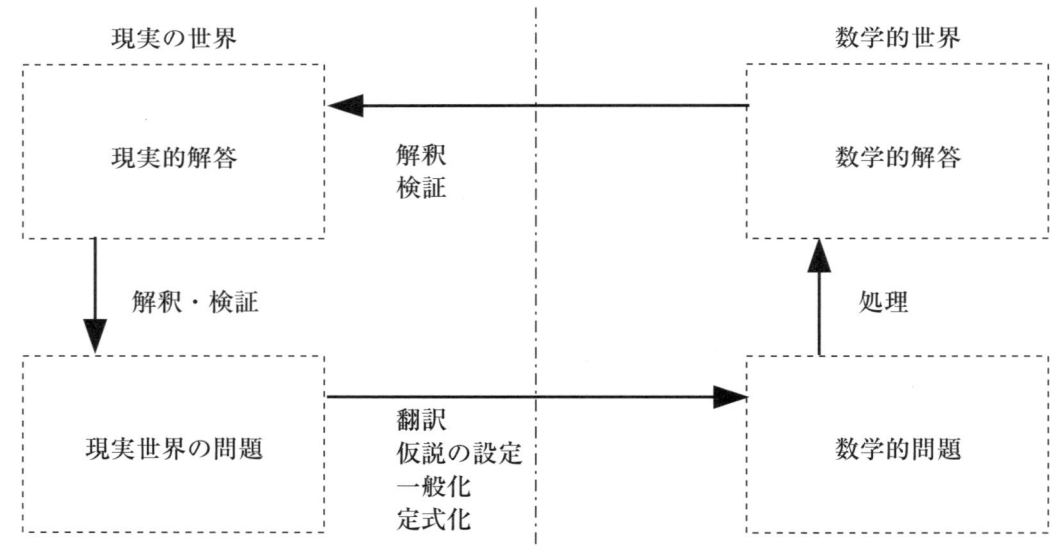

数学を使って問題を解決するモデル

　義務教育修了段階で子どもがこのようなことができることを想定し，そのために，今までの教育でたりなかった教育は何かを考えるのである。それが活用型の教育になる。

　PISA調査における数学的リテラシーの定義は次の通りであるが，このような能力を身に付ける教育が探究型の教育の目標になると思われる。

「数学が世界で果たす役割を見つけ，理解し，現在及び将来の個人の生活，職業生活，友人や家族や親族との社会生活，建設的で関心を持った思慮深い市民としての生活において確実な数学的根拠にもとづき判断を行い，数学に携わる能力」

3．探究型の学習における学習態度

　上記のような探究型の学習（問題解決的な学習）においては，習得型の学習にはない，算数の問題に対する子どもの姿勢（態度）として，次の3つのことが必要になると思われる。
　1つめは，「答えが出たら，それが本当に正しいのか確認しよう。根拠をもとに確かめよう。本質的に異なる方法でも同じ答えになるか調べよう。その答えが正しいことを，自分なりにはっきり理解しよう。」とする姿勢である。
　なぜなら探究的な問題場面では（オープンエンドの問題などを想起すれば）答えは1つとは限らず，それが正しいのかは立場によって異なることもあるからである。
　つまり探究型の学習においては「曖昧なものをはっきりさせよう。」「根拠をもとに筋道立てて考えよう。」という態度の形成がなされ，思考力が育成される基盤が生まれるのである。
　一方，習得型の学習においては，先生が教えてくれたとおりにできたかどうかをチェックする指導がなされやすく，その結果「答えが出たら終わり。あとは先生が，答えが当たっているか教えてくれるから，間違いと言われたら考え直そう。」という姿勢が子どもに形成されやすい。
　授業の中では，「教えて考えさせる」のではなく，既習をもとに子ども一人ひとりが考える「自力解決」の時間の充実が必要になる。思考力は，考えることによってしか育まれないからである。
　2つめは，「実生活での事象を算数・数学の目で見て，どんな算数・数学が使えるか判断し，問題解決しよう。」という姿勢である。探究型の学習が行われる場面が，算数の学習にとどまらず，他教科の学習や身の回りの生活においても存在することを考えればそれはあたりまえである。また，実生活での事象は，算数・数学の1つの内容を活用すればそれで解決できるといったものばかりではない。いくつかの学習内容を組み合わせたり，いくつかの学習内容から場面に応じて選択したり，似た場面として適用し直したりといったことが必要になる。
　探究型の学習をする態度として3つ目に必要なことは，「自分が思いもつかなかった考え方を友だちがしているかもしれない。この問題の解決のしかたで，よりよいものを自分のものにしよう。」という姿勢である。つまり，自分の解答に対する謙虚さである。
　すなわち，授業の中では「話し合い」の時間の充実が必要になってくる。
　ここで，友だちの考えを聞き，よりよい考えを自分のものにするためには，どれがよりよい考えなのかを判断・選択することが必要である。そのためには，それぞれの友だちの考えの「よさ」を追究していくことが必要になってくる。算数における「よさ」とは簡潔・

明瞭・的確といわれているが、それ以外でも「この考えは、今の問題だからうまく使えるけど、いつでも使えるとは限らない。」「こういう似た場面でもこの方法はうまくいく。」など、活用・適用場面が広いかどうかの検討も必要である。

また、友だちの考えは「みんな違ってみんないい。」と言い切ってはいけないのである。あまりよろしくない考えも（あったら）指摘しなければならない。その場合でも、友だちの考えのすべてが否定されるわけではなく、発想はよかったとか、この場合にはよかったとか、よい部分を見つけ、それを指摘することも忘れてはならない。

さらにこのことの前提には、友だちの考えを理解することがある。友だちの発表を聞き、どのように考えたのかを自分が理解しなければならない。一方、その友だちもわかりやすく説明をすることが求められるであろう。コミュニケーションの手段としての表現力の育成も忘れてはならない。

4．活用型の教育とはどのようなことをすればよいのか

では、習得型の教育と探究型の教育の特徴を挙げ、それを繋ぐものとしての活用型の教育の中身を考えてみよう。今まで述べたことを表にまとめると次のようになる。

習得型から探究型に繋ぐものとしての活用型の教育

	習得型の教育	活用型の教育	探究型の教育
ねらい	基礎的・基本的な知識や技能の育成	探究的な問題解決ができるような力の育成	自ら学び自ら考える力の育成
算数・数学の内容と実生活での活用	まず教えたい算数・数学の内容があり、この内容はこの場面で使えるという知識を得る。	算数・数学の内容を組み合わせて解く問題と、場面によって、算数・数学の内容を選択する必要のある問題を提示する。	まず問題場面があり、その問題場面の解決のために、どの算数・数学の内容が使えるのかを判断することから始める。
答えや方法の多様性	多くの場合、答えや方法は1つ。	算数・数学で、答えは1つと限らない場面の提示と、その場合の問題解決のしかたを学習する。	答えや方法が1つとは限らない。
問題の答えの確かめ	問題の答えは1つであり、自分がわからなくても正しいかどうかは、先生が判断してくれる。もしくは友だちや解答集によって判断できる。	正しいかどうかを、先生や解答集ではなく、根拠や筋道を調べて判断できるような学習に変える。さらに現実の具体的場面に合わせて、数学的な答えを見直すこともある。たしかめ算などをして自分で判断できるようにする。	問題の答えは1つとは限らない。答えが正しいかどうかは、根拠が正しいか、筋道も間違えていないかを考えて自分で判断する。さらに現実の具体的場面に合わせて、数学的な答えを見直すこともある。
問題場面における結論の正しさの判断	もともとある正解と結論が同じかどうかで判断する。	根拠や方法の正しさを判断することで結論の正しさを判断する。	予想される結論から考えて、結論と方法の正しさを判断する。

5．小学校高学年における活用力を育てるための授業とは

これまで述べたように，活用型の教育においては，探究型の教育ができるようにするために，いくつかの意図的な学習を新たに行う必要がある。

（1）日常場面を数学化することを重視した授業

1つめは，日常の場面を数学化する過程を重視した学習である。つまり，日常の場面を数学的な目で見て，必要な情報を取り出し，定式化するのである。

習得型の問題場面においては，文章問題といっても理想化・単純化されており，現実はそうではない場合も少なくない。

また，文章問題で想定されて使う算数・数学の内容は1つで，それは単元で学習する内容である。すなわち，一般に授業を行う計画においては，まず学習したい内容があり，その内容は日常生活でこのように生かすことができます，と考えるのである。例えば，「小数のかけ算」の単元では，文章問題ではかけ算を使うことが想定されているのである。

さらに，多くは必要な数値しか文章問題中には出てこない。

ところが探究型の問題解決においては，現実の生の問題場面が扱われる。計算しても切りがよい数値ばかりとは限らない。問題解決に使う算数・数学の内容も，何が使えるかを学習者が選択・判断しなければならないし，もしかしたら，組み合わせて使う問題かもしれない。

そこで，活用力を育てるための授業としては，次のような授業が必要になる。

　①日常生活の生の数値を用いて，計算した結果の端数の処理について考える授業。
　②情報がたくさん含まれる問題から，必要となる数値を抜き出すような授業。（簡単に言えば条件過多の問題である。）
　③どのような算数・数学を使うと問題が解決できるかを判断することも必要になる授業。

例えば，問題場面を見て，かけ算で解くのかわり算で解くのかがすぐにはわからない場面を提示したり，かけ算とわり算を両方使わなければ解けない場面を提示したりする，などである。

（2）答えを導くその過程が筋道立っているのかを判断する授業

2つめは，算数・数学の答えが大切であるだけではなく，答えを導き出したその過程が，筋道立っているのかを判断することを大切にした学習である。

そのためには，方法を記述したり，理由を記述したりするという学習も必要になってくる。

例えば，和差算の場面を考えてみよう。「姉と妹はおはじきを合わせて18個持っていて，姉のほうが妹より4個多く持っていたとき，それぞれいくつ持っていますか。」という問題である。中学校においては，姉と妹の持っている数をそれぞれ x と y と置き，二元一次方程式で解けばよい。つまり中学校においては単なる習得型の問題例となる。

しかし，小学校においてはそうではない。下のような図を描いたり，表を書いたりして問題を解決することになる。

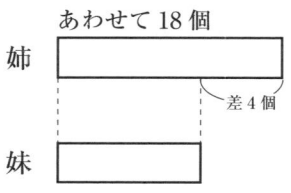

姉のおはじきの数(個)	18	17	16	15	14	13	12	11
妹のおはじきの数(個)	0	1	2	3	4	5	6	7
おはじきの数の差(個)	18	16	14	12	10	8	6	4

その中で，例えば図を見て，妹の持っている数に差の数を加えた数は姉の数と等しくなるから，「(和＋差)÷2＝(姉の数)」という式を思いつく子がいるかもしれない。また反対に，姉の持っている数から差の数を引いた数は妹の持っている数と等しくなることから「(和－差)÷2＝(妹の数)」という一般化された式も導き出されるかもしれない。

また表を見て，妹のおはじきの数を1個ずつ増やすと，差が2個ずつ減っていることから，最初18あった差が4になるためには妹のおはじきの数をいくつにまで増やせばよいかと考えれば，「(18－4)÷2」という式が思いつく。

このような答えを導き出す筋道をていねいに，表現したり，発表したりすることが求められるのである。また，逆に，式を最初に述べた子は，なぜその式で答えが出るのかを図や表を用いて説明することが求められるような授業である。

(3) 出てきた結果を，生活場面の問題解決としてふさわしいかを判断するような授業

3つめは，出てきた結果が，生活場面の問題解決に合っているかを考え，その方法がよかったのかどうかを判断する学習である。

スキージャンプで，スキーの板の長さについて，どのような長さまで許されるのかを決めた基準は，今まで変わってきている。最初は「身長＋31.5インチ」までよかった。それが「身長×1.46倍」までよいことになり（最大で110インチまで），それも変更して，今では，体重も加味した板の長さの基準を提案している。つまり，基準として，最初は，和・差の考えで判断し，次に倍の考えで判断するようにして，最後は体重も含めた複合的な考えで判断するようにしたのである。どの方法が，公平なのかを考えていった結果，判断基準を変えていったのである。このような学習が必要になる。

17個のボールを3個ずつバッグに入れて運ぶというあまりのあるわり算の問題場面で，「17÷3＝5あまり2」というときに，あまりの2個もバッグに入れて運ぶことから「5＋1＝6」と考えることなども，簡単な例ではあるがこのことに当たるだろう。

第4章

活用力を育てる問題と授業の在り方

算数 おはじきの かずは いくつ？

もんだい たかしさんと えりかさんは，5こずつ おはじきを もって います。じゃんけんで かったら，あいてから 1こ おはじきを もらえます。

たかし 🌸🌸🌸🌸🌸

えりか 🌸🌸🌸🌸🌸

たかしさんが，2かい かって 1かい まけた とき，おはじきは つぎのように なりました。

たかし 🌸🌸🌸🌸🌸
　　　　🌸

えりか 🌸🌸🌸🌸

なまえ	ねん　　くみ　　ばん	

① たかしさんが，3かい かって 1かい まけた とき，おはじきは どうなりますか。□の 中に，たかしさんと えりかさんの おはじきを，○で かきましょう。

たかし

えりか

② こんどは，えりかさんと たかしさんは，<u>5かい じゃんけんを しました。</u>すると，つぎのような けっかに なりました。

えりか 🌼🌼🌼🌼🌼🌼🌼🌼　　　たかし 🌼🌼

えりかさんは，なんかい かって なんかい まけたのでしょうか。

(　　　かい かって，　　　かい まけた。)

解説

出題の意図

①「深める（発展）」活動
②「読める（分析）」活動

- ①は，問題の条件を正しく解釈し，おはじきの数を正しく数え，図に表現することができるかを見る問題である。
- ②は，図を読んでじゃんけんの勝敗を考える問題である。

正答例

① たかし　○○○○○○○
　えりか　○○○

② <u>4</u>かい　かって，<u>1</u>かい　まけた。

指導のために

○位置付け
　1年「たし算」，「ひき算」の学習後

①について

　1年生に指導するためには，このゲームを経験することが一番である。
　2人1組のペアになり，5個ずつおはじきを持たせて，例えば5回じゃんけんをしておはじきを取り合う。そして，勝敗の結果を整理して，黒板に提示してみる。

　　　5勝0敗の場合（0勝5敗）　→　10個と0個
　　　4勝1敗の場合（1勝4敗）　→　8個と2個

　勝った分だけおはじきをとることができるが，負けた分だけ相手にあげるということを理解させる。例えば，4勝1敗ならば，4－1＝3だから，最初に持っていた5個のおはじきに3個たした数が自分のおはじきの数になる。その逆に1勝4敗ならば，4－1＝3で，最初に持っていた5個のおはじきより3個少ない数が自分のおはじきの数になる。
　つまり，勝った数と負けた数の差が問題になる。勝った数が多ければ勝敗の差の分だけたし，負けた数が多ければ勝敗の差の分だけひく。
　このような理解をするまでに，十分におはじきを操作させることが大切である。

②について

　図をかいたり，図を読んだりするという経験をすることが必要である。
　例えば，差を求める文章題の図を見せて，図に合うような問題づくりをしたり，図に合うような式を書いたりする。図の意味を，言葉や式に表す経験をすることが大切である。

授業展開例

学 習 活 動	留 意 点 な ど
① おはじきとりゲームをしよう！（黒板に板書） T．今日は，おはじきとりゲームをします。みんな，5個ずつおはじきを並べましたね。ルールは，じゃんけんに勝ったら相手から1個おはじきをもらえます。じゃんけんに負けたらどうなるかな？ C．相手に1個とられます。 T．そうですね。それでは，一度みんなの前でだれかとやってみよう。 ○○○○○ ※ 指名した子どもとゲームをする。（3回戦） ◆ 2勝1敗（1勝2敗）　◆ 3勝0敗（0勝3敗） ○○○○　　　　　　　○○○○ ○○　　　　　　　　　○○○○ T．3回戦やってみました。ルールはわかりましたか。 C．わかった！やっていいですか。 T．それでは，となりの友だちと3回戦やってみよう。 ※ 3回戦のゲームを行う。 T．どんな結果になりましたか。発表してもらいます。当てられた人は，おはじきが何個になったか教えてね。 C．3勝0敗で，8個になったよ。 T．すごいね。8個になったんだ。どうして8個になったのかな。 C．もともと5個持っていて，3回勝ちました。5個に3個をたすからです。 T．ということは，5＋3＝8　ということだね。	○各自に5個ずつおはじきを用意させる。磁石つきのおはじきならば，鉄板につけておく。そうでないならば，ワークシートを用意して，その上にそれぞれを1列に並べさせる。 ○○○○○ ○ここでは，じゃんけんに勝ったり負けたりしたら，おはじきがどのような動きをするかを見せ，ゲームのルールを理解させることに重点を置く。 ○机間指導をして，ルールを徹底する。 ○3勝0敗の場合は，5＋3＝8 だから8個，と板書する。 0勝3敗の場合も同様。3勝0敗と0勝3敗の子どもを意図的に始めに指名する。
T．ほかには，何勝何敗の人がいるのかな？ C．私は2勝1敗です！ T．そうかぁ。3勝の人が5＋3＝8　だから，2勝の人はいくつになるでしょう？ C．5＋2＝7で，7個だと思います。 T．1勝の人は？ C．5＋1＝6で，6個でしょ。 C．あれっ？おかしいよ。私は2勝だったけど，6個になりました。 C．ぼくは，1勝だったけど，4個だよ。どうしてかな？ T．不思議なことがおこったね。2勝なのに7個ではなく，1勝なのにおはじきが減って4個なんだって。おかしいね。どうしてこんなことになるのか，もう一度おはじきを動かして考えてみよう。 ―しばらくおはじきを使って考えさせる― C．わかった！5＋2－1＝6だよ。2勝1敗だと，2回おはじきをもらうけど，1回相手におはじきを渡すから，1個減るんだ。 C．そうかあ，1勝2敗だと，5＋1－2＝4　だからだ。 T．なるほど。式で表すとよくわかるね。この式の意味を，おはじきを動かして誰か説明できるかな。 C．＜実際におはじきを操作して説明する＞ T．なるほど。よく説明できたね。みんなわかったかな。 ② こんどは，5回戦のゲームをしてみる。	○勝った数を，そのまま もともと持っていたおはじきの数に足せばよい，という考えで進め，子どもを揺さぶる。 ○不思議な現象がなぜ起こるのかを究明したい，また，そのわけを説明したいという意欲を喚起する。 ○丁寧に前で説明させる。 ○○○○○ 　　　　↓ 2回勝って 5＋2 ○○○○○ ○○ 　　　　↓ 1回負ける 5＋2－1 ○5回戦でも，同じしくみであることに気づかせる。 ○事前にゲームの勝敗を考えて，おはじきの数がどうなるか予想をさせる。 ○楽しくゲームに取り組ませる。

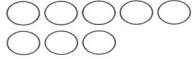

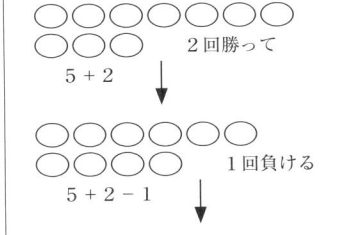

（筑波大学附属小学校　盛山隆雄）

ながさを　くらべよう①

もんだい1　てえぶるの　うえに　えんぴつが　のっています。

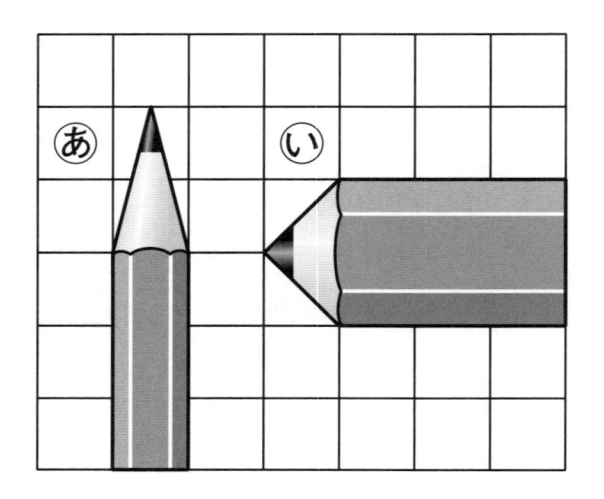

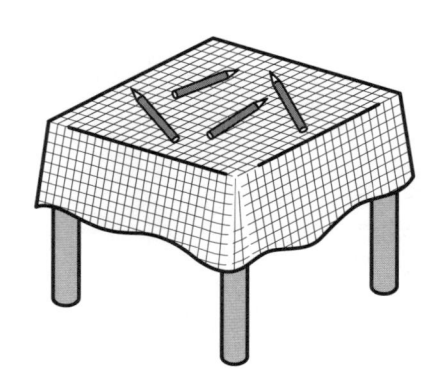

① どちらの　えんぴつが　ながいですか。

（　　　）の　えんぴつが　ながい。

② それは　なぜですか。その　わけを　かきましょう。

〔　　　　　　　　　　　　　　　　　　　　　〕

なまえ	ねん　くみ　ばん	

もんだい2　りぼんの　ながさくらべを　して　います。みきさんは　あの　りぼんと　いの　りぼんは　おなじ　ながさだと　いいました。

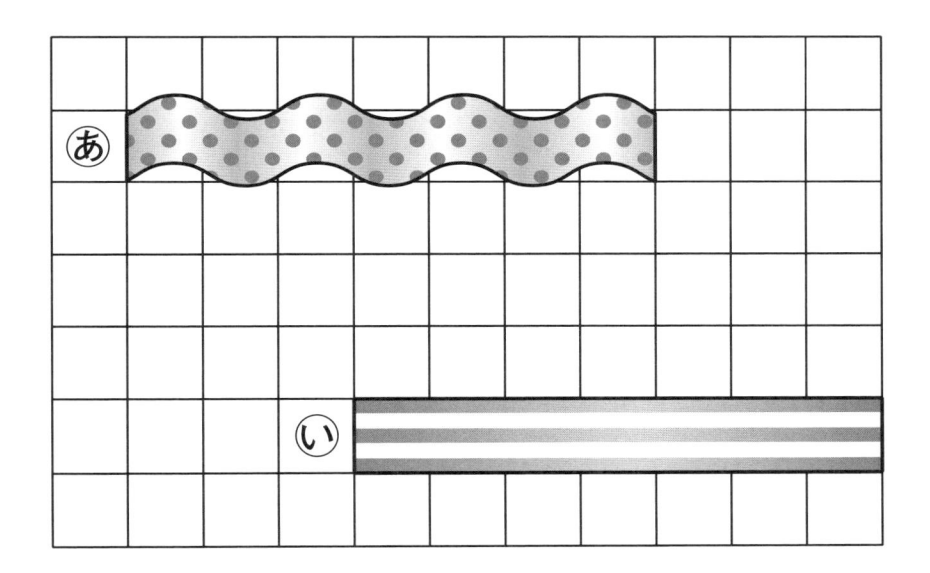

● あやさんは　ちがうと　いって　います。その　わけを　かきましょう。

[　　　　　　　　　　　　　　　　　　　　　　　]

算数 ながさを くらべよう ②

もんだい3 かびんが 3つ あります。いちばん せの たかい かびんは どれでしょう。

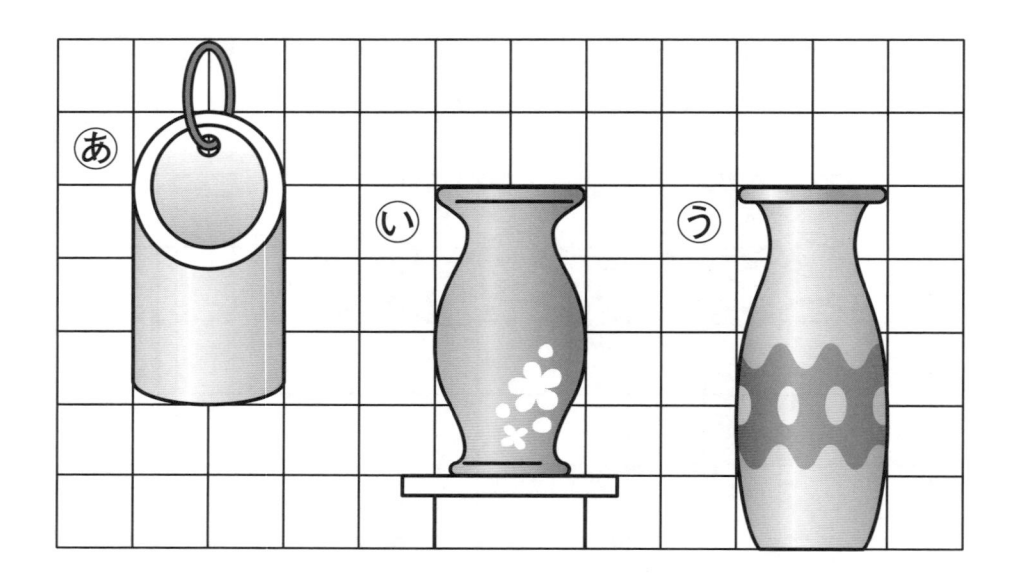

① いちばん せの たかい かびんは（　　　）。

② なぜ いちばん たかいと いえるのですか。
　 その わけを かきましょう。

〔　　　　　　　　　　　　　　　　　　　　　　　　　〕

なまえ	ねん　くみ　ばん	

もんだい4 　つぎの　おはなしを　よんで，おはなしの　とおりの　ずは　どれか　こたえましょう。

おはなし

> あかい　ひもは　あおい　ひもより　ながい。
> あおい　ひもは　みどりの　ひもより　ながい。

ⓐ

あか

あお

みどり

ⓘ

あか

あお

みどり

ⓤ

あか

あお

みどり

● おはなしの　とおりの　ずは（　　　）。

解説

出題の意図

⑥「読める（分析）」活動

- ①，②は，長い理由を説明させるための問題である。「升目（ますの数）」「ぴんと伸ばす」といった内容を言葉で表す力をつけたい。
- ③は，判断力をつける問題である。まず，台があったり高い所にあったりすることに惑わされず，背の高さを，はしからはしまでの長さで判断する力をつけたい。
- ④は，言葉による状況の説明を，図を用いて整理させる問題である。言葉だけで表現されたことを図に表すのは，大事な力であるが，同時に高度な技術を要する。だから，ここでは自分で図を描くのではなく，図を選ぶ問題とした。

正答例

① ① あ
　② あが　5ますぶん，いが　4ますぶんの　ながさだから。
② あは　ぴんと　はって　いないので，のばすと　もっと　ながくなるから。
③ ① う
　② あは　4ますぶん，いも　4ますぶん，うは　5ますぶんの　たかさだから。
④ い（赤は青より長く，青は緑より長い。よって長さは，赤＞青＞緑の順になる。）

指導のために

〇位置付け
　1年「長さくらべ」の学習後
〇この問題を解くために必要な用意と指導
　まず，図を印刷した紙を人数分用意する。
　黒板の図では，それぞれの長さを比較できるように，同じものを切って用意しておく。
　①では，「ます目」「○ます」という言葉が使えるようにする。太さや削った部分の長さに惑わされないようにすることを教える。
　②では，「伸ばす」「ぴんとはる」といった言葉の使い方を教える。一人一人にきちんと理由を言わせるようにする。
　③では，高い所にあっても，「背が高いこと」にはならないことを教える。友達と背比べをしたとき，台に上がって上になっても，背が高くなったわけではない。同じように，「背が高い」というのは，高い場所にあることではなく，そのものの縦の長さが長いことであると理解させる。

4は，授業で取り組む場合は，自分で長さを描かせたい。文にしたがって，まず赤と青を描く。次に，青をたよりに，緑を描く。文が二つあるので「わからない」と音を上げる子どもがいると思うが，「一つ一つ考えて描いていく」という経験を是非させたい。

授業展開例

		学 習 活 動	留 意 点 な ど
1	1	どちらの えんぴつが ながいですか。また，そのように おもった わけを かきましょう。	○問題把握 ○自力解決 ○発表 　判断したところで話し合いをさせ，わけを言い合う。理由を全員で聞き，正しいかどうか判断する。
	C	ⓐのほうが長い。	
	C	ⓘのほうが大きいから長い。	
	C	「大きい」と「長い」とは違う。	
	T	長さは，太くても細くても，端をそろえてはみ出したほうが長いのです。	
	C	同じ。ⓐとⓘでは削ってある長さは違うけど，色がついた所は同じ。	
	C	削ったところも入れて比べると思う。	
	T	そうです。全体の長さで比べます。	
	C	ⓐは5ます，ⓘは4ますだから，ⓐが1ます分だけ長い。	
	T	ます目の数でわかりますか。	
	C	あ，数えたら，1つ多い。	
	T	どちらが多いのですか。	
	C	ⓐのほうが1つ多い。	
	T	皆さんも，ます目の数を数えたら，ⓐは5ます，ⓘは4ますになりましたか。	○まとめ 　ます目の数で数えられることを確認する。ⓘを切ったものをⓐの横に並べ，ます目の数を数え直してもよい。
	C	はい。	
	T	削ったところは，長くても短くても，鉛筆の長さに入れていいですか。	
	C	書くとき使うところだから，入れていいと思う。	
2	2	ながさくらべを しています。みきさんは，ⓐの りぼんとⓘの りぼんは おなじ ながさだと いいました。みなさんは，どう おもいますか。	○問題把握 ○自力解決 ○発表 　いろいろな意見を出させて，わけを聞き合う。同じという考えが出なければ，「みきさんは，なぜ同じだと言ったのでしょう。」と問う。
	C	ます目の数は同じだけれど，ⓐはぴんとしてないから，ⓐのほうが長いと思う。	
	C	長さは，端をそろえて，ぴんと伸ばして比べなければ，うまく比べられない。	
	T	伸ばせば，ⓐのほうが長いようですね。では，みきさんは，なぜ同じと言ったのでしょう。	
	C	ます目を数えて，同じだったから。	

	C	ⓐもⓘも，7ますずつだったから。	
	C	ぴんとしても，長さは同じだと思ったから。	
	T	なるほど。では，皆さんで，となりの人がみきさんだと思って，なぜⓐが長いのかをお話してあげましょう。となりの人は，よく聞いていましょう。 お話が終わったら，今度は交代してお話してみましょう。	○まとめ 　全員が言葉で説明できるように，となりの人に説明したあと，何人かを指名して発表させる。
③	③	かびんが 3つ あります。いちばん せの たかい かびんは どれでしょう。また，そのように おもった わけを かきましょう。	○問題把握 ○自力解決 ○発表 　理由をしっかりと言わせる。「背が高い」ことと「高い位置にある」ことの違いが言葉のうえでわかるように，子どもたちの発言を板書して，整理しておく。
	C	ⓐが高いと思う。だって，いちばん上にあるから。	
	C	ⓘとⓒは同じ高さだから，ⓐの背が高いと思う。	
	C	いちばん長いのが高いのだから，ⓒの背が高い。	
	C	ⓒだと思う。ⓒは，ます目5つ分。ⓐもⓘもます目4つ分。	
	C	①も②も，ます目で数えた。そうしたら，うまくいった。だから，③もます目で数える。	
	T	では，となりの人と背の高さを比べるときにはどうしますか。考えてみましょう。	友達との背比べの経験を想起させ，どのような比べ方をしたらよいかを判断させる。
	C	となりの人が台に乗って高くなっても，背が高くなったことにはならない。	
	C	となりの人が鉄棒にぶら下がっていても，背の高さを比べるときには，下りなければ比べられない。	
	C	花瓶も，台から下ろしたり，ひもを外したりして，下に置いて比べなければだめ。	
	C	置かなくても，ます目を数えればわかる。ⓒの背が高い。	
	T	そうですね。友達との背比べを考えたら，やはり高い所にあっても，背が高いとは言えませんね。	○まとめ 　話し合いに基づいてまとめる。
④	④	どの ひもが いちばん ながいでしょう。ずに かいてから こたえましょう。	○問題把握
	T	図というのは，簡単な絵のことです。紐の長さの様子がわかる簡単な絵を描いてみましょう。	○自力解決 　手のつかない子どもには，「なぜ描かないのですか。」と聞く。 　「長さがわからない」という答えであれば，適当な長さで描いてよいことを知らせる。 　「よくわからない」という答えであれば，「まず，赤と青を描いてみましょう。」と，1文ずつ取り組ませる。 　間違えて描いた子どもにも正しく描けた子どもにも，「もう一度，書いてあるおはなしと同じかどうか，読み直してみましょう。」と指導する。
	C	（3本とも正確に描く）	
	C	（手がつかない）	
	C	（間違えている）	

第4章

T　では、発表しましょう。 C　（発表） T　書いてある「おはなし」と合っているのはどれでしょう。 C　赤がいちばん長くて、次が青で、緑がいちばん短いもの。 T　どうやって描くと、正しく描けましたか。 C　書いてある（赤から）順番に、それより長いか短いかを考えながら描いた。	○発表 　間違えも含めて発表させる。 ○まとめ 　正しく判断する手立てを確認する。

（学習院初等科　大澤隆之）

とくする あめの 買いかたは？

もんだい お店で あめを，つぎのように ばらと ふくろ入りで 売って いました。

| ばら
1こ 10円 | ふくろ入り
6こ入り 50円 | ふくろ入り
10こ入り 80円 |

① 140円で できるだけ 多くの あめを 買うには，どのように 買えば よいですか。ことばや 式，図，ひょうを つかって せつめいしましょう。

	なまえ	ねん　　くみ　　ばん	

② 同じ 店で こんどは あめを 18こ 買います。どの ように 買うと, いちばん やすく なりますか。

　ことばや 式, 図, ひょうを つかって せつめいし ましょう。

解説

出題の意図

③「使える（適用）」活動
⑥「読める（分析）」活動
・算数の内容を日常に生かし，条件を選択して，オープンエンドに考えさせたい。

正答例

① 140円で買うためには何通りかの場合がある。それらを挙げて考えるとよい。

	ばら 1個 10円	袋入り 6個入り 50円	袋入り 10個入り 80円	合計
	14個 140円			14個
	9個 90円	1袋（6個）50円		15個
	4個 40円	2袋（12個）100円		16個
	6個 60円		1袋（10個）80円	16個
◎	1個 10円	1袋（6個）50円	1袋（10個）80円	17個

一般に，まとめて買った方が割安になる。だから10個入りや6個入りのものをできるだけ多く買うようにする。16個買う場合は，2通りあることも押さえさせたい。

② 18個買うためには，何通りかの場合がある。それらを挙げて考えるとよい。

	ばら 1個 10円	袋入り 6個入り 50円	袋入り 10個入り 80円	合計
	18個 180円			180円
◎		3袋（18個）150円		150円
	6個 60円	2袋（12個）100円		160円
	12個 120円	1袋（6個）50円		170円
◎	2個 20円	1袋（6個）50円	1袋（10個）80円	150円
	8個 80円		1袋（10個）80円	160円

解答が2通りあることを押さえさせたい。

指導のために

○位置付け

2年「何十の計算」，「100より大きい数」の学習後

○この問題を解くために必要な指導

お店に行くと，お菓子などは，よく袋や箱に詰めて売っている。多く入った袋を買うと割引

になるように，値段の設定がなされているものも多い。このことから，たくさん買うときは，できるだけ多く入った袋で買うようにすると，安く買えることに気付かせたい。

ただし，日常生活の場合，あまり多くの数を買わない場合や，箱代が別に必要となる場合など，多く買っても必ずしも割安にならない商品もあるが，2年生の段階ではそのことまで配慮する必要はないと考え，その設問は控えた。

○用意するもの

具体的なものがあった方が理解がしやすい子どもには，お菓子の模型などがあるとよい。

授業展開例

	学 習 活 動	留 意 点 な ど
導入	●あめを買いに行く場面について話し合う。 T　あめを買うとき，どのように買いますか。 C　1個ずつ買います。 C　今後のことも考えて，まとめて買います。 C　今あるお金で買えるだけ買います。 T　あめはどのように売っていますか。 C　1個ずつ売っています。 C　袋に入れて，まとめて売っています。	・あめを買う場合は，自分用に買ったり，家族や友だちの分も合わせて買ったり，誕生パーティー用にたくさん買ったり，いろいろな場面があることを思い出させる。
展開	①お店で同じあめが次のように，ばらと袋入りで売っていました。 　〔1個10円〕〔6個入り50円〕〔10個入り80円〕 140円でできるだけ多くのあめを買うには，どのように買えばよいですか。 T　いろいろな方法で買う場合を考えましょう。 C　全部ばらで買った場合は，14個買えます。 C　6個入りを2袋と，残りはばらで買った場合は，16個買えます。 C　10個入りと6個入りを1袋ずつ，残りはばらで買った場合は，17個買えます。 T　買い方について発表し，どのように買うとよいかをまとめましょう。 C　10個入りの袋をできるだけ多く買うようにするとよいです。 C　10個入りを選んだ後，残りの個数を買うために6個入りを選んだ方がよいです。 C　まとめて買った方が割安になります。	・手がつけられない子どもが多い場合は，どういう場合があるかを「方法の予想として」発表させてもよい。 ・発表させる際は，図を取り入れ，6個入りをいくつ買ったので，いくらということがわかりやすくなるようにする。
終末	②同じお店で今度はあめを18個買います。どのように買うと，いちばん安くなりますか。 T　今度はあめの数が決まっています。いろいろな方法で，いちばん安い買い方を考えましょう。 C　全部ばらで買った場合は，180円です。 C　6個入りを3袋買った場合は，150円です。 C　10個入りを1袋と6個入り1袋とばらで2個買った場合は，150円です。 T　いちばん安い買い方には，2通りあることがわかりましたね。	・②の方が方法の予想が立てやすい。子どもの実態によっては②を先に取り組ませ，①を後に取り組ませてもよい。 ・2通りの解答があることに留意させる。

（山形大学地域教育文化学部　笠井健一）

おはじきの 数を しらべよう

なまえ　ねん　くみ　ばん

もんだい 右の おはじきの 数を, かけ算を つかって もとめました。

つぎの ①, ②, ③の しきは 下の ㋐, ㋑, ㋒の どの やりかたで もとめたのでしょう。

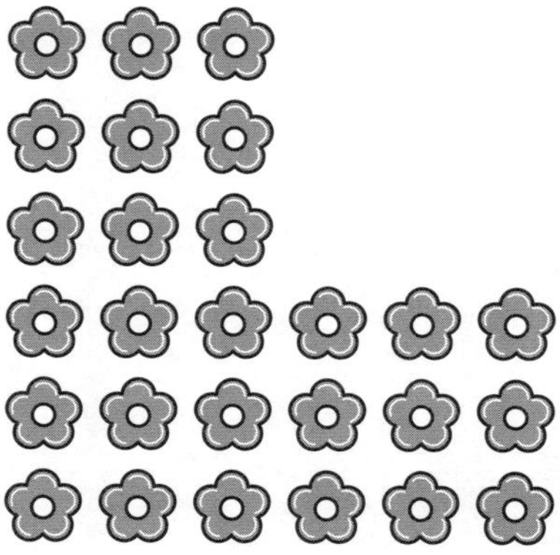

① $3×3=9$
　$6×3=18$
　$9+18=27$
　（　　）

② $6×6=36$
　$3×3=9$
　$36-9=27$
　（　　）

③ $6×4=24$
　$3×1=3$
　$24+3=27$
　（　　）

㋐　　　　　㋑ 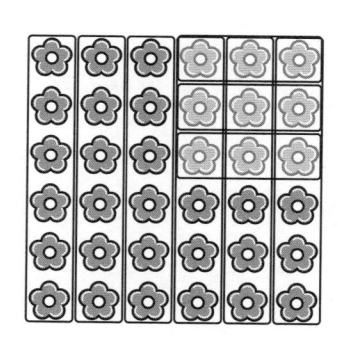　　　　　㋒

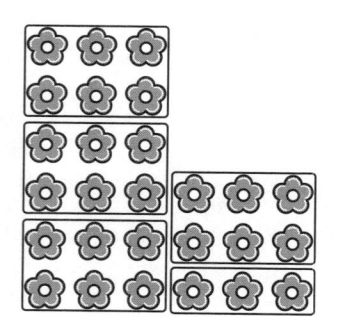

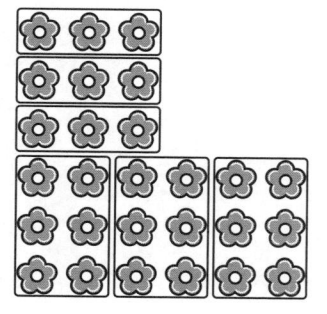

解説

出題の意図

⑥「読める(分析)」活動
・式は，数についての考えを人に伝えるものだ。ふだんは，自分の考えを伝えるために式を書く。しかし，書かれた式を読むことは，とても大切な力となる。相手の考えを理解する手段になるからだ。この経験により，独りよがりな式の書き方，答えを出すためだけの式の書き方から，読む人を意識した式の書き方に変わっていく。2年生のこの時期から，相手を意識した活動を促したい。

正答例

① ⑤　　② ⑥　　③ ⑧

指導のために

○位置付け
　2年「かけ算」の学習後
○この問題を解くために必要な用意と指導
　このような問題そのものは，教科書にもある。「この●の数の求め方を，いろいろ考えましょう。そして，どのように考えたかがわかるように，式を書きましょう。」と式を書かせ，発表させる。その授業での扱い方を工夫すると，活用力を高めることができる。
　まず，図を拡大したもの（子どもたちの考えを黒板に貼るため）を数枚用意する。また，式を書いて黒板に貼るための用紙も用意する。
　「かけ算を使って求めましょう。」と問いかける。「遠くにある●をくっつけたりしないで，並んだままでまとまっているものを数えて式を立てましょう。」と付け加えるとよい。あまりにも不自然な式が出てくると，読む側がわかりにくくなるからである。
　式ができてから，机間巡視して，子どもたちから出た数種類の解答を適当に選び，黒板掲示用の紙に，図（まとまりを囲む）と式とを別々にかいてもらう。同じ式でも，まとまりが違うものを含めるとよい。
　図と式を集めたところで，どの図がど

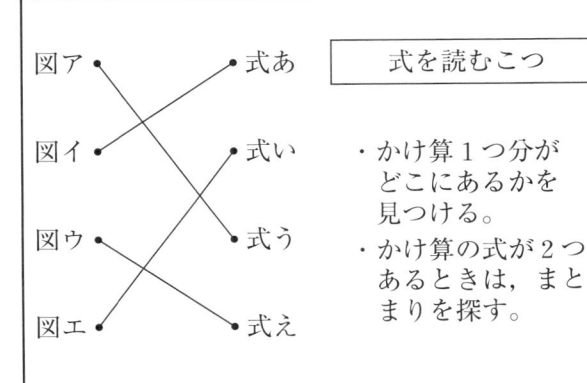

		式を読むこつ
図ア	式あ	・かけ算1つ分がどこにあるかを見つける。
図イ	式い	
図ウ	式う	・かけ算の式が2つあるときは，まとまりを探す。
図エ	式え	

の式に当たるかわからないように，黒板に貼る。そして，子どもたちに，どの式がどの図なのかを当てさせる，という授業展開をする。

このようにしてから，隣同士の式を見せ合い，どんな考え方をしたかを当てっこする。

ただ式を書くだけではなく，みんなでその式を分析することが，これから求められる授業展開である。式を読む力は，積極的に式を読もうとする経験から，より強化されるのである。

授業展開例

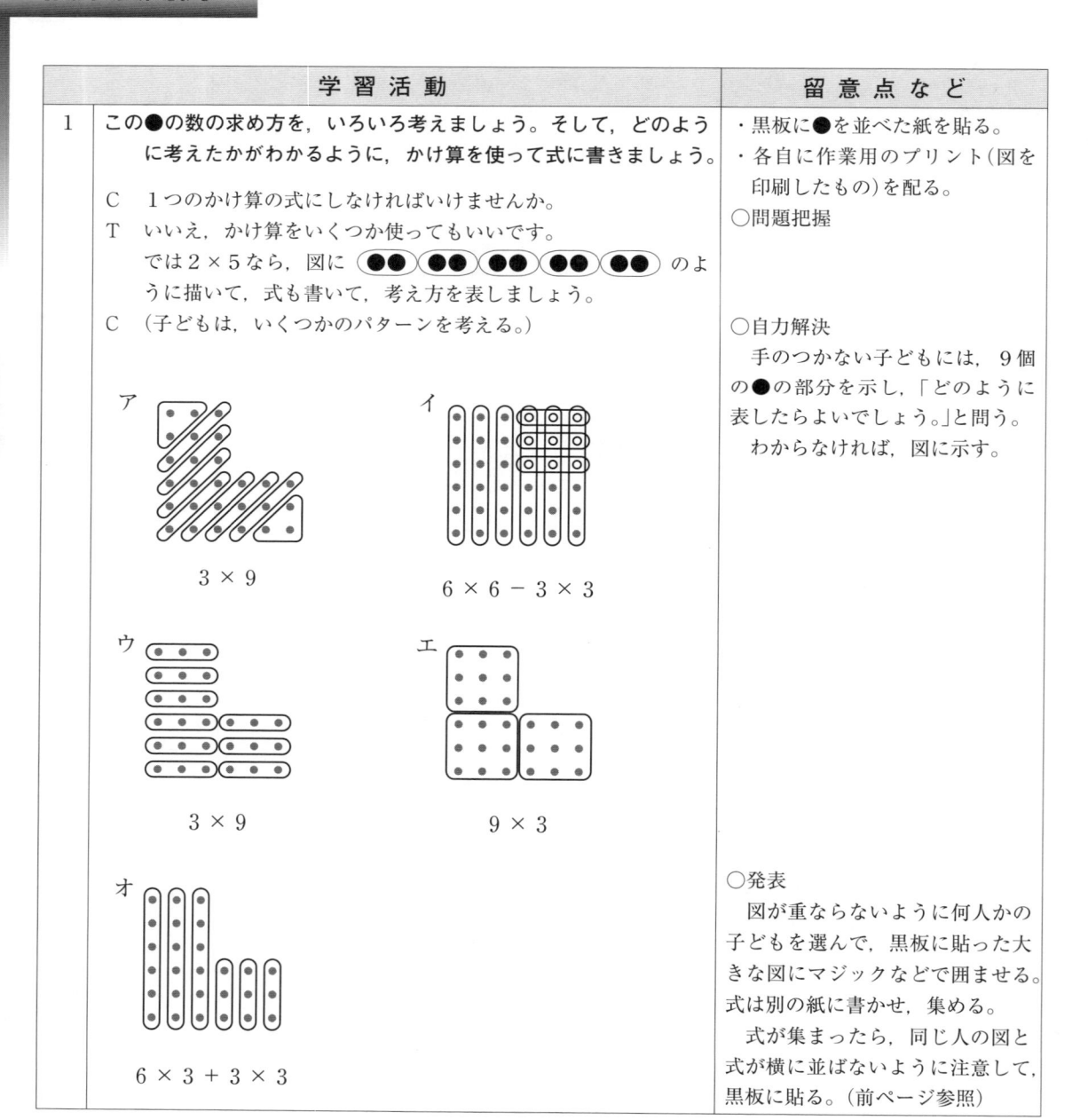

	学 習 活 動	留 意 点 な ど
1	この●の数の求め方を，いろいろ考えましょう。そして，どのように考えたかがわかるように，かけ算を使って式に書きましょう。 C　1つのかけ算の式にしなければいけませんか。 T　いいえ，かけ算をいくつか使ってもいいです。 　　では2×5なら，図に ●● ●● ●● ●● ●● のように描いて，式も書いて，考え方を表しましょう。 C　（子どもは，いくつかのパターンを考える。） ア 3×9　　　イ 6×6－3×3 ウ 3×9　　　エ 9×3 オ 6×3＋3×3	・黒板に●を並べた紙を貼る。 ・各自に作業用のプリント（図を印刷したもの）を配る。 ○問題把握 ○自力解決 　手のつかない子どもには，9個の●の部分を示し，「どのように表したらよいでしょう。」と問う。 　わからなければ，図に示す。 ○発表 　図が重ならないように何人かの子どもを選んで，黒板に貼った大きな図にマジックなどで囲ませる。式は別の紙に書かせ，集める。 　式が集まったら，同じ人の図と式が横に並ばないように注意して，黒板に貼る。（前ページ参照）

2	(56ページの組み合わせの図を元に進める。) T　さて，どの式がどの図でしょう。 C　9×3はエだと思います。 T　なぜですか。 C　9のかたまりが3つあるからです。 T　ほかの人は，9のかたまりが3つ見えますか。 C　はい。 T　では，それを黒板のところに来て示してください。 C　（エの図で示す） （このように，すべての式と図を結び付ける。） T　同じ式でも，違うまとまりを考えることができるのですね。では，式から考えを読み取るこつはどんなことでしたか。 C　1つ分がどこにあるかを見つける。 C　かけ算の式が2つあるときは，どのまとまりとどのまとまりに分かれているかを探す。 C　3×9と9×3とは，まとまりの大きさが違うので，気をつける。 T　では，隣の人同士で，問題を出し合いましょう。今度は，式を見て，どのように考えて数えたのかを，言葉で言って当ててみましょう。	答えられる子どもが複数いるときは，ほかの子どもに答えさせる。 ○考え方のまとめ 板書する。 ノートに写す。 　発表できなかった子どもも多いので，全員に問題を出させ，考えさせる。
3	同じように，●の数をかけ算を使って数えてみましょう。 ・・ ・・・ ・・・・ ・・・・・ ・・・・・・	○問題把握 ○自力解決

（学習院初等科　大澤隆之）

算数 ようこそ！遊園地へ！

問題　1000円のおこづかいをもらったので，ひまわり遊園地に遊びにきました。今日は，3時間遊ぶことができます。入り口でもらった地図と，待ち時間の案内けいじ板を見ながら，どのような順で，どの乗りものに乗ろうか考えました。そして，同じ乗りものに2回は乗らないことと，人気のある「ジェットコースター」にはかならず乗ることにしました。

　おこづかい1000円と遊べる3時間の中で，入り口からスタートして，出口にもどってきます。

　どのような順で乗りものに乗るか，計画を立てましょう。

[計画表]

| なまえ | 年　　組　　番 | |

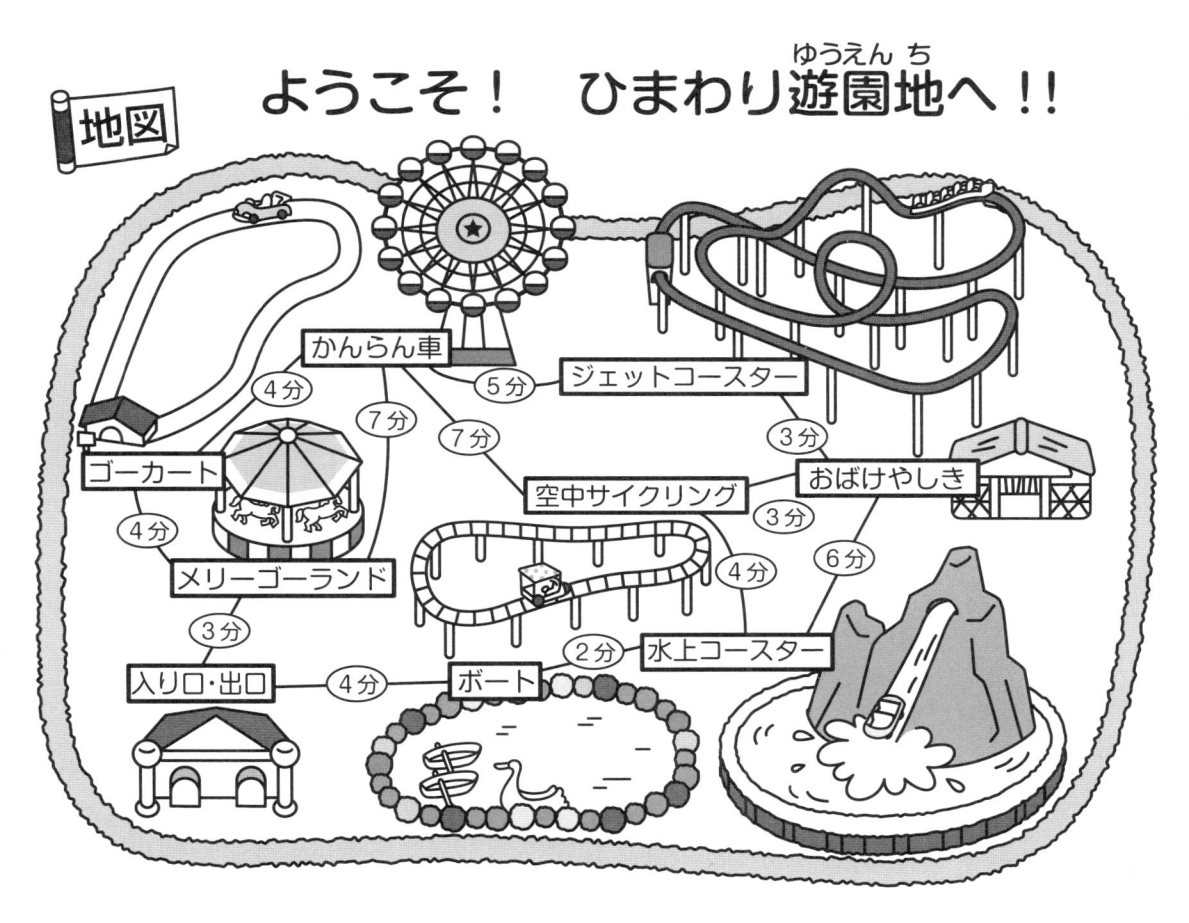

ようこそ！　ひまわり遊園地へ！！

地図

- ゴーカート — 4分
- かんらん車 — 5分 — ジェットコースター
- かんらん車 — 7分
- 4分（ゴーカート - メリーゴーランド）
- 7分（かんらん車 - 空中サイクリング）
- 空中サイクリング — 3分 — おばけやしき
- メリーゴーランド — 3分 — 入り口・出口
- 空中サイクリング — 4分 — 水上コースター
- おばけやしき — 6分 — 水上コースター
- 入り口・出口 — 4分 — ボート
- ボート — 2分 — 水上コースター

待ち時間の案内けいじ板

乗りもの	料金	待ち時間	所要時間
ジェットコースター	350円	1時間10分	3分
水上コースター	300円	20分	5分
かんらん車	300円	35分	15分
ゴーカート	250円	10分	7分
メリーゴーランド	200円	10分	8分
ボート	200円	5分	20分
空中サイクリング	150円	5分	10分
おばけやしき	100円	10分	7分

※「待ち時間」は，その乗りものに乗るために，ならんで待つ時間です。
※「所要時間」は，その乗りものに乗っている時間です。

解説

出題の意図

③「使える（適応）」活動…算数の内容を日常生活に生かす。
⑥「読める（分析）」活動…条件を選択し，オープンエンドに考える。

正答例

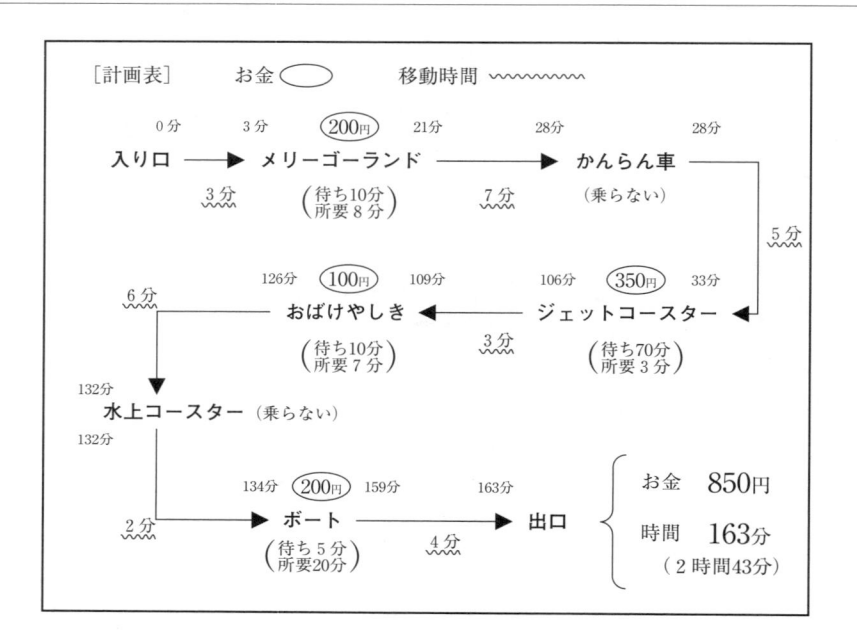

```
[計画表]    お金 ◯    移動時間 〜〜〜

        0分    3分   (200円)   21分       28分       28分
      入り口 ──→ メリーゴーランド ──→ かんらん車
         3分        (待ち10分)      7分      (乗らない)
                   (所要8分)                              5分

              126分  (100円) 109分      106分  (350円) 33分
         6分  おばけやしき ←── ジェットコースター
               (待ち10分)       3分     (待ち70分)
               (所要7分)                (所要3分)
        132分
             水上コースター (乗らない)
        132分

              134分 (200円) 159分   163分      お金   850円
         2分  ボート  ──→  出口         時間  163分
              (待ち5分)   4分                   (2時間43分)
              (所要20分)
```

指導のために

　実際に遊園地に来たことを想像し，学んだことを生かして決められた金額と時間の範囲で，できるだけたくさんの条件を使って自分の答えを導く，オープンエンドの問題である。

　算数科の目標にある「生活に生かそうとする」場面として，子どもにとって身近で興味のある遊園地を設定した。いろいろな乗り物に乗ったり，どのコースをまわると合理的であるかを考えたりすることは，子どもにとって楽しいことである。また，算数で学習したたし算や時間などを活用することで，算数のよさに触れるきっかけになるのではないだろうか。

○位置付け　3年「千万までの数」，「四則計算」，「時間の単位」，「たし算とひき算」の学習後

○用意するもの　画用紙（発表用）
　数量や時間の理解が十分でない子どもには，お金や時計の模型を持たせて具体的に考えさせるとよい。

○この問題を解くために必要な指導

「見通しをもって考える」「必要な条件・情報を整理する」「自分の考えを整理して表現する」「時間を単位にして計算する」などの指導をし，定着させておくことが必要である。

授業展開では，お金と時間の使い方や，なぜこの行程を考えたのかという説明を子どもにさせてほしい。説明をさせるには，学習したことを生かして相手にわかりやすい発表のしかたを指導する必要がある。言葉とともに式や絵，図，表などに示し，順序立てて説明することを日々の授業実践で習慣的に行うことが大切である。そして，友だちの考えを聞いて自分の考えと比べることで，学習を共有し，考えを深めるように配慮してもらいたい。

なお，数値や乗り物の数などは，子どもの実態に合わせて変更や工夫をしてもらいたい。

授業展開例

	学 習 活 動	留 意 点 な ど
問題把握	T．(問題用紙を配布) 　　どんな問題でしょうか。一緒に考えましょう。 C．問題を読み，題意を理解したり，解決の見通しを立てたりする。 　・示された条件を整理する。 　　　おこづかい　1000円 　　　時間　3時間(移動時間＋待ち時間＋所要時間) 　　　ジェットコースターには必ず乗る 　　　同じ乗り物には1回しか乗らない 　・活用できる資料の確認 　　　「ようこそ！ひまわり遊園地へ!!　園内地図」 　　　「待ち時間の案内けいじ板」	・場面理解(条件や資料の見方)は子ども自身に行わせ，自力で読み取る能力を育てる。 ・子どもが読み取った条件や資料の見方を整理し，学級全員が理解してから自力解決を行わせる。
自力解決	T．資料を活用し，条件にそって問題を解きましょう。 C．既習事項を生かして，自分なりの考え方で問題を解く。 　　解き終えたら，題意に即して正確に解答しているかを見直す。 T．1つの行程ができたら，他の行程も考えてみましょう。 C．自分の考えた行程やそのような行程にした理由を画用紙にかく。	・答えは1つに限られたものではなく，「自分なりの解答(行程)」でよいことを伝える。 ・数量や時間の理解が十分でない子どもには，お金や時計の模型を持たせて具体的に考えさせる ・既に終えた子どもには，複数の行程を考えさせたり，わかりやすい説明のしかたを考えさせたりする。 ・「言葉」「式」「図・絵」などを活用する。友達にわかりやすく説明する練習をする。
検討・まとめ	T．自分の考えた行程をわかりやすく発表しましょう。 C．自分の考えを発表する。 　・疑問を質問する。 　・様々な行程の中から，より条件に近いものをみんなで検討する。 T．この問題には正解はなく，自分の考えをもち，わかりやすく説明できることが大切であることを伝える。	・全員が自分なりの考えを発表し，それに対して意見や質問を伝え合う時間をつくる。 ・児童数が多いなど，全員発表が難しい場合は，少人数グループ(班など)で発表を行わせ，全体での発表は数名にする。 ・子どもの考えた文章問題を回収し，後日プリントに印刷して紹介したり，問題集にしたりする。 ・画用紙は教室掲示する。

(目黒区立東山小学校　守屋大貴)

安いのはどちらの店？ ①

問題

みきさんは、画用紙を8まい買いにいこうと思います。東店と西店では、いつもは画用紙を1まい12円で売っていますが、広告を調べたところ、今日は次のように画用紙を安売りしていることがわかりました。

[東店]

この広告を持ってくれば、合計の代金から10円びき！

[西店]

6まいめから、1まい10円！
(れい) 7まい買った場合
　5まいぶん…1まい12円
　2まいぶん…1まい10円

|なまえ| 年　　組　　番 | |

① 画用紙を**8**まい買う場合，どちらの店で買ったほうが，いくら安くなるでしょうか。

みきさんは，下のように計算しました。みきさんの書いた式を見て，答えを書きましょう。

(みきさんの書いた式)

12×8＝96
96－10＝86

12×5＝60
10×3＝30
60＋30＝90

90－86＝4

(　　　　店のほうが　　　　　円安い。)

安いのはどちらの店？ ②

② みきさんは，もっとたくさんの画用紙を買う場合にはどうなるのだろうと思って，画用紙のまい数を9まい，10まい，11まい，……とふやしたときの画用紙の代金を，表に整理しようと考えました。

表のあいているところに，数を書き入れましょう。

買うまい数	8	9	10	11	12
東店の代金（円）			110	122	134
西店の代金（円）		100		120	

いくらになるかを，それぞれ調べよう。

	年　　組　　番	
な ま え		

③ ②の完成した表を見て，おさむさんは次のように言いました。

> いつも東店で買ったほうが安いね。

おさむさんの言っていることは正しいでしょうか。正しくないでしょうか。どちらかに○をして，そのわけを書きましょう。

（　　正しい　　正しくない　　）

わけ

解説

出題の意図

①「深める(発展)」活動　②「広げる(応用)」活動　⑥「読める(分析)」活動

- ①は，正しく式を読むことができるかをみる問題である。
- ②は，東店や西店の安売りの条件に合うように代金を正しく計算して，表を完成させることができるかをみる問題である。
- ③は，表を正しく読んで，おさむさんの言っていることが正しくないと判断し，そのわけを説明できるかをみる問題である。仮に②の表をうめる問題が正しくできなくても，表の買う枚数が11枚のところには，東店と西店の代金が最初から記入されており，その数値からも西店のほうが安いことが判断できるようになっている。

正答例

① 　東店のほうが <u>4</u> 円安い

②
買うまい数	8	9	10	11	12
東店の代金(円)	86	98	110	122	134
西店の代金(円)	90	100	110	120	130

③ 　正しくない

　　(わけ) 表を見ると，10まいのときに代金は東店と西店で同じになって，11まいからはぎゃくに西店のほうが安くなるから。

指導のために

○位置付け

　3年「かけ算の筆算」の学習後

①について

　単純な1段階の問題だけでなく，多段階の問題を行うようにする。他には，友だちの式を読んで，どのように考えたかを説明する経験をすることが大切である。

②について

　文章題の数値を変化させると，答えがどうなるかを考えることが必要である。答えがどう変化するのか，式の中のどの数値が変わり，どの数値は変わらないのかを考えることが大切である。その際，表に数値を整理すると，変化の様子をとらえやすいことを理解する。

③について

　表に数値を整理したときに，どんなことがわかるのか，どんなきまりがあるのか，といったことを考えることが必要である。正しい見方や解釈をすることで，正しい判断が可能になる。

授業展開例

学　習　活　動	留　意　点　な　ど
1．問題提示　　1まい12円の画用紙を8まい買います。 T．東店と西店の2つのお店で，1枚12円の画用紙を安売りしています。それぞれの店でこのように安売りをしています。 ◆東店は，広告についていた割引券をもっていけば，合計金額から10円を引きます。　　　　　　　＜割引券＞　10円引き ◆西店は，6枚目からは1枚10円で売ります。　6まい目から1まい10円！　※割引券は使えません。 T．画用紙を8枚買うとき，東店と西店では，どちらの方が安いでしょう。 2．それぞれの代金を求めて判断する。 【東店の場合】　$12 \times 8 = 96$　$96 - 10 = 86$ 【西店の場合】　$12 \times 5 = 60$　$10 \times 3 = 30$　$60 + 30 = 90$ 　　　　　　　　　　　　　だから，割引券を使った東店が安い T．なるほど。いつも東店で買えば画用紙は安く買えるということだね。 C．ちょっと待って！何か変だよ。だって，東店は，いつも10円しか安くならないけど，西店はたくさん買うとそれだけ安くなるでしょ。 T．どういうこと？ C．もしも，7枚だったら全部12円で買ったときより4円安くなるけど，8枚だったら全部12円で買ったときより6円安くなるから，だんだん安くなってる。 3．条件を変えた場合について考える T．今，西店の7枚のときと8枚のときの代金のことを言ったね。計算してみよう。 　7枚のとき……割引なし→$12 \times 7 = 84$ 　　　　　　　　割引あり→$12 \times 5 = 60$　$10 \times 2 = 20$　　4円安い 　　　　　　　　　　　　　$60 + 20 = 80$ 　8枚のとき……割引なし→$12 \times 8 = 96$ 　　　　　　　　割引あり→$12 \times 5 = 60$　$10 \times 3 = 30$　　6円安い 　　　　　　　　　　　　　$60 + 30 = 90$ C．本当だ。7枚のときは4円安かったけど，8枚のときは6円安くなってる。 C．もっとたくさん買えば，もっと安くなるのかもしれない。 C．いつか西店のほうが東店より安くなるのかな？ T．それでは，調べて表に整理してみよう。 | 買うまい数 | 8 | 9 | 10 | 11 | 12 | | 東店の代金(円) | 86 | 98 | 110 | 122 | 134 | | 西店の代金(円) | 90 | 100 | 110 | 120 | 130 | T．表を見て，どうですか。気づいたことはありますか。 C．10枚で同じ代金になって，11枚からは，西店の方が安くなるんだね。 C．東店は，12円ずつ増えているけど，西店は10円ずつ増えている。 T．最初の式を見て，どうしてそういう増え方をしているか説明できますか。枚数を増やしたら式が変わるところに目をつけよう。 【東店の場合】　$12 \times 8 = 96$　$96 - 10 = 86$ 【西店の場合】　$12 \times 5 = 60$　$10 \times 3 = 30$　$60 + 30 = 90$ C．画用紙の枚数を増やすと，東店は，12×8の8のところが変わっていくでしょう。西店は10×3の3のところが変わる。だから，東店は12円ずつ増えて，西店は10円ずつ増えると思います。	○買い物をするときの，幾つかの条件を子どもと対話しながら提示していく。 ○6枚目から1枚10円という安売りの条件の意味について確認する。画用紙を8枚用意して説明する。 | 1 | 2 | 3 | 4 | 5 | 6 | 7 | 8 | | 12円 | 12円 | 12円 | 12円 | 12円 | 10円 | 10円 | 10円 | ○西店の安売りの条件について共通理解をした後，その流れで西店で買った場合の代金を求めさせる。 ○子どもとの対話をしながら，枚数を変えた場合について考える方向にもっていく。 ○「いつも」を強調することで，子どもにそうでない場合があるのではないか，という気持ちを持たせる。 ○「もしも」を使って，枚数を変えたときの代金の様子から，いつも東店で買えば安いということの誤りにせまっていく。 ○具体的に計算して整理することで，もしかしたら枚数を増やしていけば代金が逆転するかもしれないという見通しを持たせる。 ○8枚の場合，9枚の場合，と分担して計算する。みんなで表を作る。 ○表を読んで，気づいたことやわかったことを発表させる。 ○表のたてと横の関係に目を向けさせる。 横……東店は12円ずつ増える。西店は10円ずつ増える。 たて……東店と西店の代金の違いが，2円ずつ変化している。 ○式と増え方の関係に着目させる。

（筑波大学付属小学校　盛山隆雄）

いちばん人気のチームは？

問題　はるかさんの学校では，全校でお祭りがあり，はるかさんのクラスでは，『ゲームセンター』をすることになりました。
　次の4つのチームに分かれました。

- ストラックアウトチーム 
- ペットボトルボウリングチーム 
- 缶積み競争チーム 
- ダンボール空気でっぽうチーム

　お祭りの当日，はるかさんのクラスでは，前半(1時間目と2時間目)，あまりお客さんが来てくれませんでした。
　そこで4つのチームは，中休みにお客さんをよんで，ふやそうとしました。
　そのおかげで，後半(3時間目と4時間目)は，たくさんのお客さんが来てくれました。

| なまえ | 年　　組　　番 | |

次の日に、お祭りの反省をチームごとにしました。そして、1時間目から4時間目にかけて、どれだけお客さんが来てくれるようになったのかを折れ線グラフに表しました。

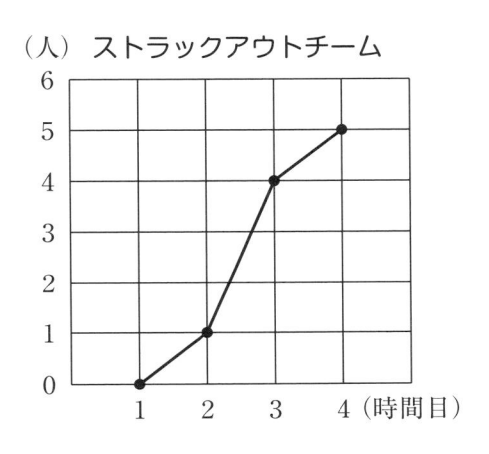

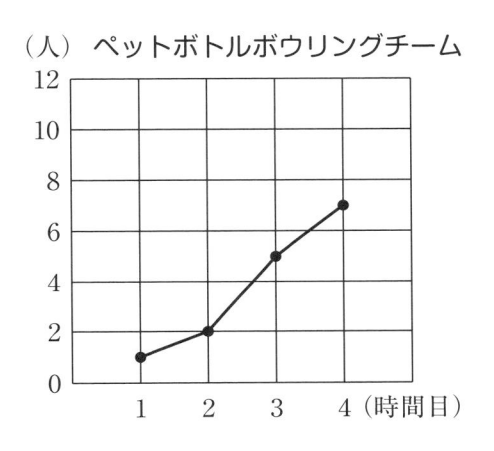

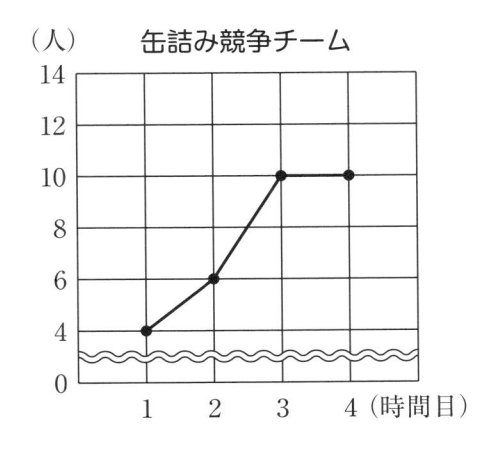

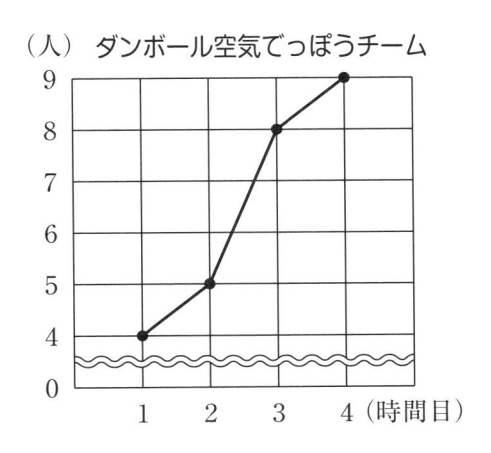

（人）ストラックアウトチーム

（人）ペットボトルボウリングチーム

（人）缶詰め競争チーム

（人）ダンボール空気でっぽうチーム

前半（1時間目と2時間目）から後半（3時間目と4時間目）にかけていちばんお客さんが来るようになったのは、どのチームだといえますか。

（　　　　　）

解説

出題の意図

⑥「読める（分析）」活動

・日常生活の場面から4つのグラフを読んで、情報を整理する必要がある。前半と後半の比較をするので、別の表にまとめ直すとわかりやすい。そのうえで「お客さんが増えた」ということを、多様な見方でとらえられるようにしたい。

正答例

それぞれのチームの集客数を、表にまとめ直すと次のようになる。また、グラフに表すと次のようである。

	1時間目	2時間目	3時間目	4時間目
ストラックアウトチーム	0	1	4	5
ペットボトルボウリングチーム	1	2	5	7
缶積み競争チーム	4	6	10	10
ダンボール空気でっぽうチーム	4	5	8	9

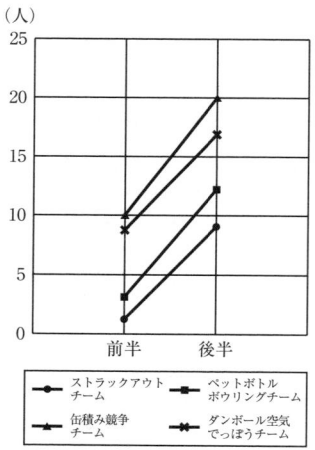

それぞれのチームの集客数を、前半と後半に分けてまとめ直す。グラフに表すと次のようである。

4つのチームの前半と後半の人数の変化

	前半	後半	差	倍
ストラックアウトチーム	1	9	8	9
ペットボトルボウリングチーム	3	12	9	4
缶積み競争チーム	10	20	10	2
ダンボール空気でっぽうチーム	9	17	8	約2

解答1　缶積み競争チーム

理由1…差で考えると、お客さんの人数がいちばん増えたのは、10人の「缶積み競争チーム」であるといえる。また、このチームは、全体を通していちばんお客さんを呼んでいる。

解答2　ストラックアウトチーム

理由2…倍で考えると、「ストラックアウトチーム」は9倍になっているので、前半から後半にかけてお客さんがいちばん増えたといえる。

指導のために

○位置付け

4年「折れ線グラフ」の学習後

授業展開例

	学 習 活 動	留 意 点 な ど
導入	●学校全体でお祭りがあり，ゲームセンターをクラスとして取り組んでいる場合について話し合う。特に，参加してくれたお客さんの人数について，ゲームごとに話し合う。 T どのゲームに来てくれたお客さんがいちばん多かったでしょうか。折れ線グラフを見て答えましょう。 C 「ストラックアウトチーム」の1時間目は0人だ。 C 1・2時間目は少ないね。 C 3・4時間目のほうが多く来ているね。	・クラスとしてゲームセンターをして，実際にストラックアウト，缶積み競争，ペットボトルボウリング，ダンボール空気鉄砲等をすることを想定させる。 ・なかなか参加してくれる人がいなくて，呼び込みをしてお客さんを集めたことを想定する。
展開	「ストラックアウトチーム」「ペットボトルボウリングチーム」「缶積み競争チーム」「ダンボール空気でっぽうチーム」の中で，どのチームがいちばん，前半から後半にかけてお客さんが来るようになったといえますか。 ●来てくれたお客さんを，前半と後半に人数をまとめて直した表を見て考える。 T 差で較べてみましょう。 C ストラックアウトチーム　9 − 1 = 8（人） C ペットボトルボウリングチーム　12 − 3 = 9（人） C 缶積み競争チーム　20 − 10 = 10（人） C ダンボール空気でっぽうチーム　17 − 9 = 8（人） T 倍で比べてみましょう。 C ストラックアウトチーム　9 ÷ 1 = 9（倍） C ペットボトルボウリングチーム　12 ÷ 3 = 4（倍） C 缶積み競争チーム　20 ÷ 10 = 2（倍） C ダンボール空気でっぽうチーム　17 ÷ 9 ≒ 2（倍）	・前半と後半の表にまとめ直したものを黒板に貼り，その数値で考えさせる。 ・子どもは差と倍のどちらかの考え方をすると思われるので，それぞれの考えをしている子どもを指名して発表させる。
終末	T お客さんを呼んだ効果があったのはどのチームか，考えましょう。 C お客さんの人数が増えたのは，10人の缶積み競争チームです。また，このチームは全体を通していちばんお客さんを呼んでいます。 C 倍で考えると，ストラックアウトチームは9倍になっているので，いちばん多くお客さんを呼んだともいえます。	・呼び込みの効果があるというのは，倍で考えるといいのか，人数の差で考えるとよいのかを話し合わせる。

（山形大学地域教育文化学部　笠井健一）

算数 三角形の組み合わせを考えよう①

問題1 下のような形の直角三角形が、4まいあります。この直角三角形の同じ長さの辺と辺がぴったりつくようにならべます。

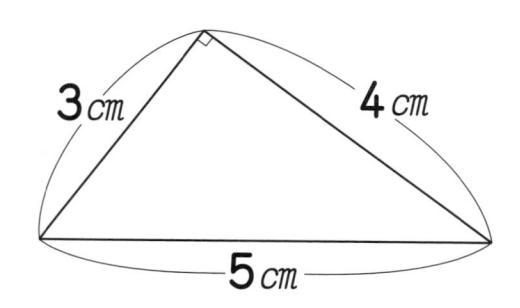

① この直角三角形を下の図のように2まいならべたとき、まわりの長さは何cmになりますか。

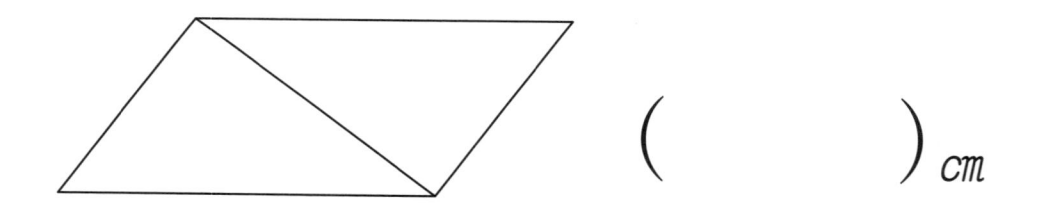

(   ) cm

② 下の図にあと2まいつけて、まわりの長さが26cmの形になるように、直角三角形をかきたしましょう。

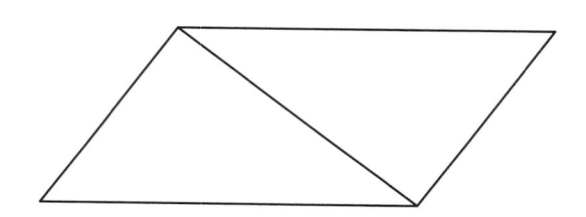

| なまえ | 年　　組　　番 | |

③　下の図にあと**2**まいつけて，まわりの長さが**22**cmの形になるように，直角三角形をかきたしましょう。

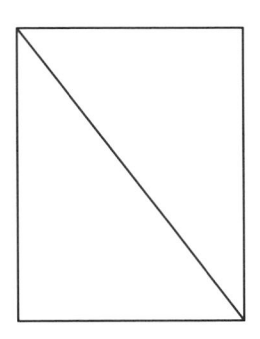

※下の図を切り取って，ならべてみましょう。

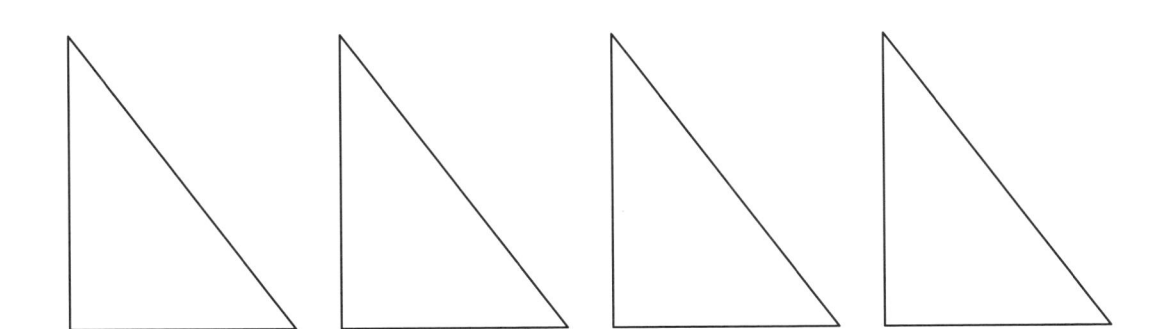

--き　り　と　り--

算数 三角形の組み合わせを考えよう②

問題2 下のような形の二等辺三角形が、4まいあります。この二等辺三角形の同じ長さの辺と辺がぴったりつくようにならべます。

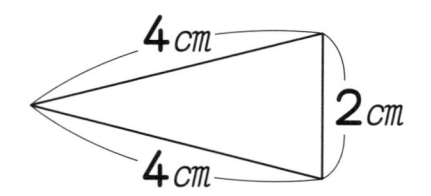

① この二等辺三角形を下の図のように4まいならべたとき、まわりの長さは何cmになりますか。

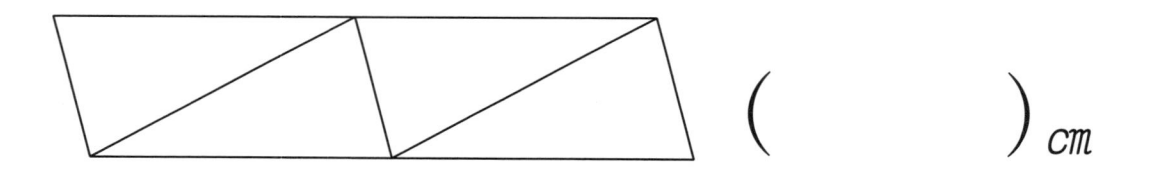

（　　　　　）cm

② まわりの長さがいちばん長くなるように、4まいの二等辺三角形をならべ直します。下の図にかきたしましょう。

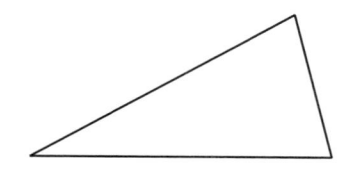

なまえ	年　　組　　番	

③　まわりの長さがいちばん短くなるように，**4**まいの二等辺三角形をならべ直します。下の図にかきたしましょう。

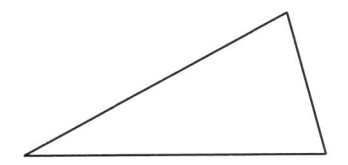

※下の図を切り取って，ならべてみましょう。

------------------------------ き　り　と　り ------------------------------

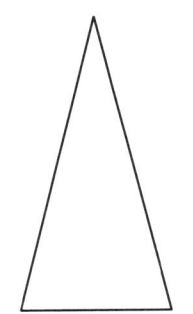

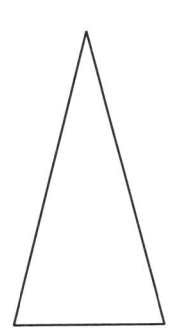

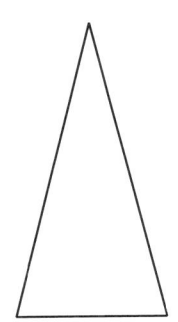

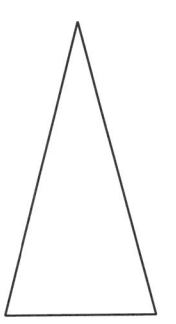

解説

出題の意図

⑤「作れる（創造）」活動

　自由に形を作らせることが創造性を伸ばすと考えがちだが，実は，創造性は偶然の積み重ねではない。様々な経験を元に，意図的に条件をコントロールした1つ1つの活動が，創造性の元なのである。だから，「まわりの長さが○cmの形を作ろう。」「まわりの長さがいちばん長くなるように置こう。」と目的をもって工夫する活動が，創造性を伸ばすのである。

　ここでは，自ら意思をもって作れる力を伸ばす問題を示した。

正答例

1　① 16cm
　　② 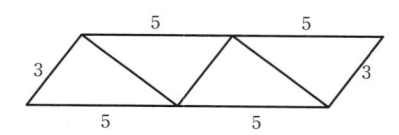
　　③

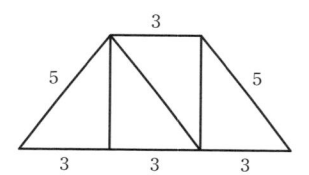

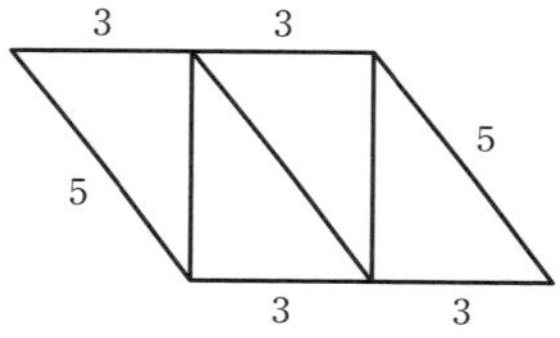

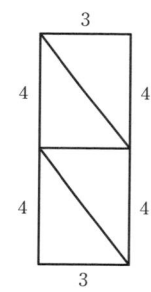

2　① 20cm
　　② 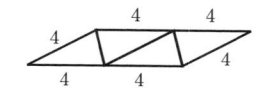 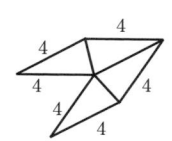
　　③

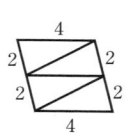

指導のために

○位置付け

　4年「正三角形と二等辺三角形」の学習後

○この問題を解くために必要な用意と指導

　同じ形を4枚用意する。直角三角形は，裏返して使用することを意図している。直角三角形と二等辺三角形の両方について，向きを変えて置くとどのような様子になるかを実際に体験させたい。このほかに，「全体を三角形にする」「全体を長方形にする」のような条件も考えられる。

○用意するもの

　はさみ

授業展開例

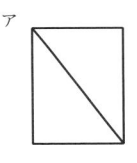

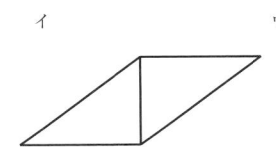

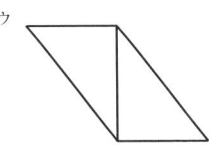

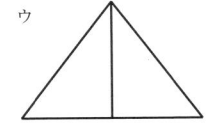

	学 習 活 動	留 意 点 な ど
1	3つの辺の長さが3cm，4cm，5cmの直角三角形が2枚あります。同じ長さの辺と辺をぴったりつけると，どんな形ができるでしょう。 　　ア　　　　　イ　　　　　　ウ T　このような3種類を考えた人がいます。 C　みんな四角形になっている。 T　これ以外の形はできますか。 C　できる。 C　できない。 T　できないと言った人は，なぜそう思うのですか。 C　同じ長さの辺どうしをつけると，三角形の辺は3本だから，この3種類しかできない。 T　なるほど，もうできないようですね。できると言った人は，何か言いたいことはありませんか。 C　できます。もう1枚を裏返すとできます。 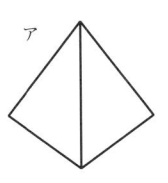 　　　　　　　　ア T　なるほど。裏返すと，違う形になりますね。 C　それなら，イもウもできる。 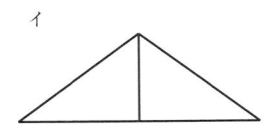 　　イ　　　　　　　ウ	黒板に直角三角形の紙を貼る。 　各自に作業用のプリント（図を印刷したもの）を配る。 ○問題把握 ・合わせるときには，同じ長さの辺と辺をつけることを約束とする。 ・いちばん短い辺，いちばん長い辺はどこかを確認する。 ・答えられる子どもが複数いるときは，ほかの子どもに答えさせる。

	T　もうできませんね。辺は3本で，裏と表にすると2倍できるので，6通りですね。 C　まだできる。 T　みなさん，まだできるそうですが，どんなことをすればできるか，考えましょう。 C　辺と辺をつけないで，頂点を合わせるとか。 C　違う。辺と辺をつける。 T　なるほど，これならまだできそうですね。 　　今日は，ア，イ，ウの裏までを考えて，同じ長さの辺と辺をぴったりつけて，形を作りたいと思います。 ①の図のまわりの長さを求めさせる。 ②先ほどの直角三角形を4枚合わせて形を作ります。いちばん短い辺の長さが3cm，いちばん長い辺の長さが5cmです。あと2枚つけて，まわりの長さが26cmの形を作りましょう。 C　(まず，この形のまわりの長さを書き入れてみる。3cmが2箇所と5cmが2箇所で，合計16cmになっていると考えた。) C　(まず3枚目を下の図のように置いた。次の形を置こうとしている。) T　上のように置いた人がいます。あと1枚はどこに置けるでしょう。 C　　　　　　　　C T　どんなことに気をつけて三角形を置きましたか。 C　同じ長さの辺がぴったりつくように置いた。	○自力解決 ・手のつかない子どもには，まず今の形の中で，いちばん短い辺といちばん長い辺がどこかを聞く。それが正しくなければ教える。正しければ，今の形のまわりの長さを聞く。正しければ，それにあと2枚をどのように置くか考えさせる。 ・違うところに置かせる。 ・まわりの長さを計算させ，26cmであることを確かめる。 ○考え方のまとめ
2	先ほどの直角三角形を4枚合わせて，周りの長さが22cmの形を作りましょう。 C　最初の形をどのようにしてもよいのですか。 T　はい。最初から置き直してよいです。 C　(先ほどの問題の2枚から始める。)	○問題把握 ○自力解決

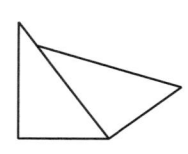

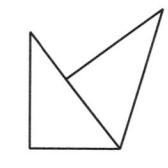

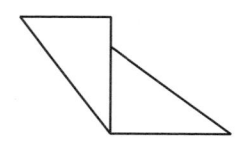

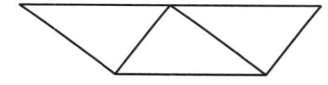

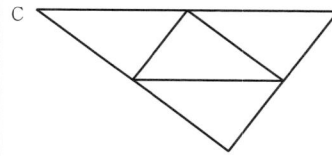

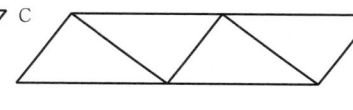

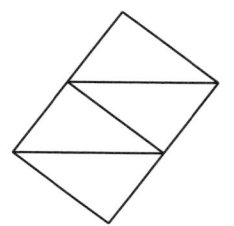

	T　最初の2枚の置き方は，ほかにないでしょうか。 C　さっき2枚で考えたものがある。 C　それを使えばできるかもしれない。 C　（最初にやった6通りの，ほかの組み合わせから始める。） （図：長方形内の対角線／平行四辺形内の対角線／凧形／低い二等辺三角形／高い二等辺三角形）	・置き方のパターンの最初の2枚には，どんなものがあるか，最初に考えたことに気づかせる。
3	②①～③（省略）	

（学習院初等科　大澤隆之）

階だんにしく じゅうたん

問題 次のような，ゆかからステージに上がるための階だんの図があります。階だんの高さとはばは，それぞれどこも同じです。

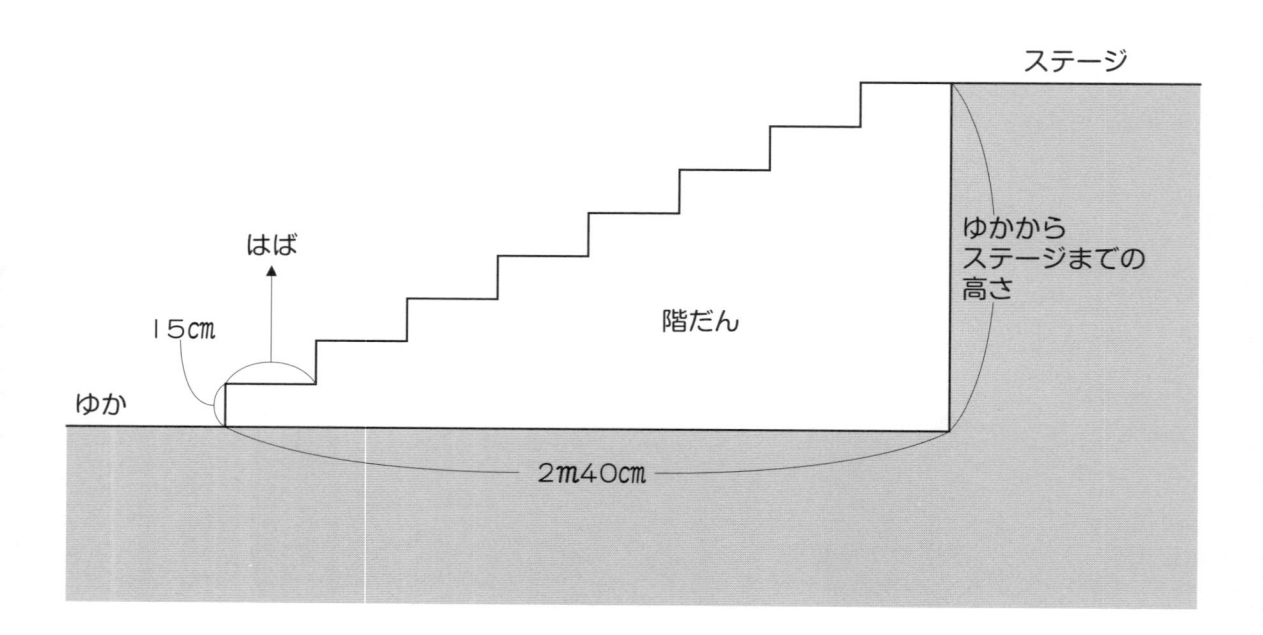

① ゆかからステージまでの高さは，何m何cmですか。式と答えを書きましょう。

式

答え（　　m　　cm）

|なまえ| 年　組　番 | |

② 1だんのはばは，何cmですか。式と答えを書きましょう。

式

答え（　　　　　cm）

③ 下の図のように，この階だんにじゅうたんをしきたいと思います。じゅうたんの長さは，何m何cmにすればよいですか。
　式と答えを書きましょう。

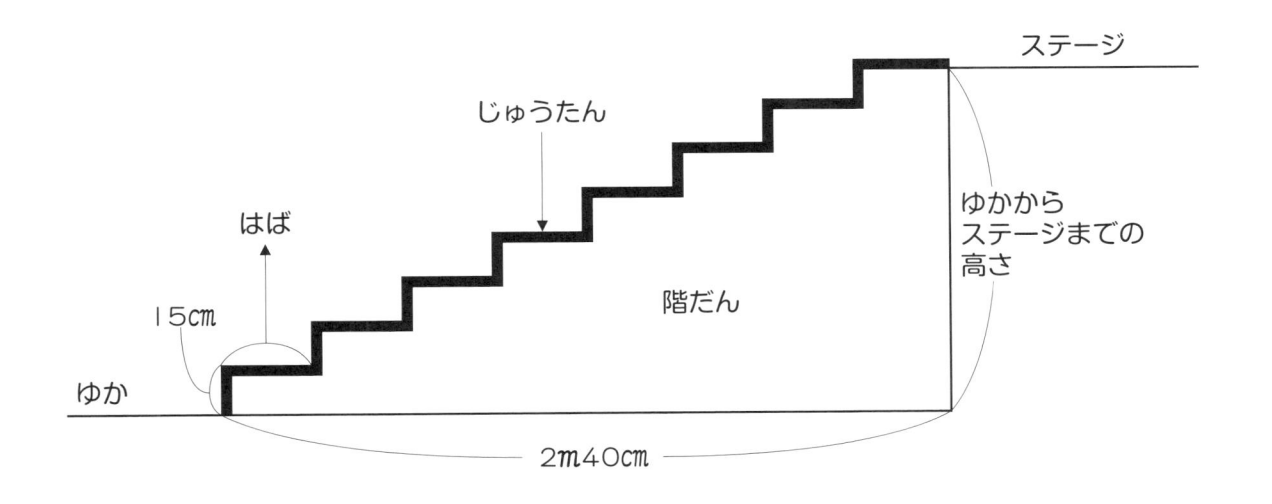

　　ステージ
　　じゅうたん
　　はば
　　15cm
　　ゆか
　　階だん
　　ゆかからステージまでの高さ
　　2m40cm

式

答え（　　m　　cm）

解　説

出題の意図

②「広げる（応用）」活動
④「繋げる（関連）」活動

・①は，図から情報を読みとって，1段分の高さからステージの高さを求めることができるかをみる問題である。「1段分の高さ×8（段）」という立式をすることができるかがポイントになる。かけ算の活用問題である。
・②は，階段全体の幅から1段分の幅を求めることができるかをみる問題である。「階段全体の幅÷8（段）」という立式ができるかがポイントになる。わり算の活用問題である。
・③は，じゅうたんの長さ，つまり幅と高さの全体の合計を求めることができるかをみる問題である。多様な求め方ができる問題である。

正答例

①　式　15 × 8 = 120　　120cm = 1m20cm　　　答え　1m20cm
②　式　2m40cm = 240cm　　240 ÷ 8 = 30　　答え　30cm
③　式　・240 + 120 = 360
　　　　・15 × 8 = 120　　240 + 120 = 360
　　　　・15 × 8 = 120　　30 × 8 = 240　　120 + 240 = 360　　など　　答え　3m60cm

指導のために

○位置付け
　4年「わり算」の学習後

①②について
　例えば，何の数値も入っていない階段の図を出して，階段の高さを求めるには，どこの長さがわかっていればよいかを考えるなど，問題に対して必要な長さを考える活動を行う。「1段の高さがわかればかけ算を使って全体の高さを求めることができる。」といった発言を，子どもから引き出すことが大切である。そのような活動を行うことによって，かけ算やわり算の意味を確かめ，それらの演算を活用できるようにしていく。

③について
　階段の幅にあたる部分を上に平行移動させ，階段の高さにあたる部分を左に平行移動させると，長方形になることを理解させる。
　つまり，階段全体の幅と高さの和が，じゅうたんの長さに等しいということである。
　この図形の見方を活用すれば，長方形の縦と横の長さの和，240 + 120というたし算で解決することも可能になる。

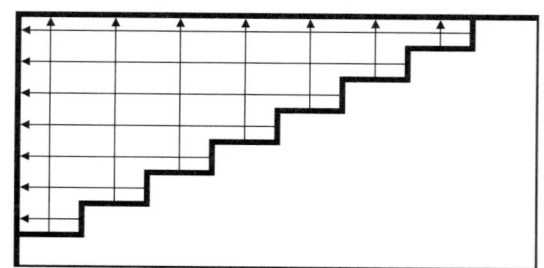

授業展開例

学　習　活　動	留　意　点　な　ど
1．問題提示① T．この図をみましょう。これは，ステージにのぼるための階段の図です。さて，床からステージまでの高さは何m何cmでしょう。	○模造紙に描かれた階段の図を提示する。
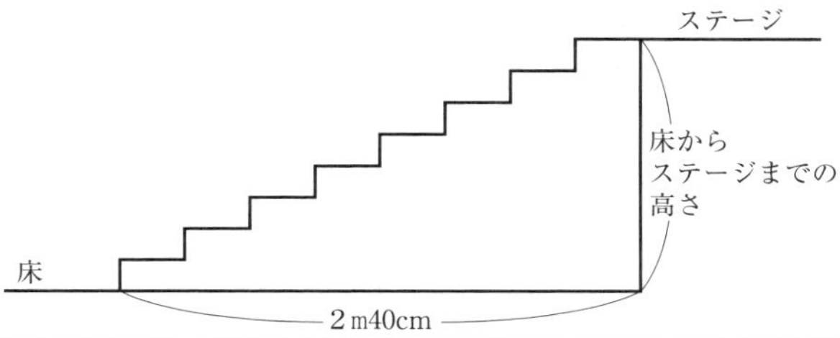 （床からステージまでの高さを示す階段の図：2m40cm）	
C．2m40cmって，関係あるのかな。これでは，求められないよ。 T．では，どこの長さがわかればステージまでの高さが求められそうですか。 C．1段の高さです。 T．1段の高さは，15cmです。 C．わかった！これなら求められるよ。 T．1段の高さの15cmだけで求められるのかな。 C．階段の段の数が8段あるから，その8段を使って求めればいい。 T．では，求めてみましょう。 C．15×8＝120　　1m20cmです。 2．問題提示② T．1段の階段の高さは15cmだけど，階段のはばは何cmかな。	○解決に必要な情報を考えさせる。1段の高さが必要だという意見が出てから，知らせる。 ○自力解決後，発表させる。 ○1段の高さに当たる部分をそれぞれ平行移動すると，ステージの高さにあたる部分と等しくなることを図形的にも理解させる。 ○階段のはばのことを踏面ということを教える。
C．こんどは，2m40cmを使えばいいよね。 T．2m40cmがどうして使えるの？ C．さっきの高さと同じで，8つのはばを全部合わせると，2m40cmになるから，2m40cmを8で割れば，1段分の幅が出てくるよ。 T．なるほど。では，求めてみましょう。 C．240÷8＝30　　30cm 3．問題提示③ T．この階段にじゅうたんをしこうと考えました。図のようにしきます。さて，このじゅうたんの長さはいくつでしょう。	○わり算で求められることを丁寧に説明させ理解させる。
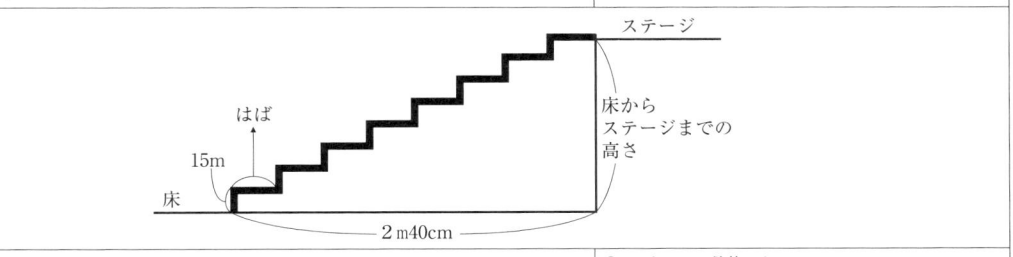 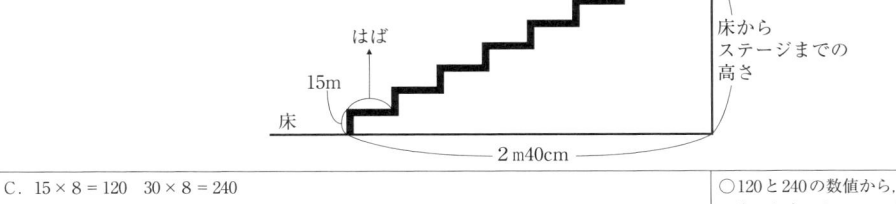 （じゅうたんをしいた階段の図：はば15m，2m40cm）	
C．15×8＝120　　30×8＝240 　　120＋240＝360　　　　　3m60cm C．15＋30＝45　　45×8＝360　　3m60cm C．あれっ，わかったぞ。じゅうたんは，階段全体の幅と床からステージまでの高さを合わせた長さになるんだ。 C．そうかあ。だから，120＋240でいいんだ。 T．どういうことですか。 C．階段の高さと幅の部分を動かすと，図のようになるでしょ。だから，120＋240でいいと思います。 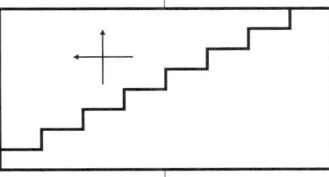 T．なるほど。こういう見方をすると，長方形のたてと横の長さを求めればじゅうたんの長さになるわけですね。 T．今日の学習したことを使えば，学校の1階から2階までの高さも求められるかな。 C．できるよ。何段あるか調べてみよう！	○120と240の数値から，先ほど求めたステージまでの高さや階段全体の幅の長さを使っていることに気づかせる。 （長方形に変形した図） ○次の時間には，学校の1階から2階までの高さを調べる活動に取り組むようにすると理解が深まる。

（筑波大学付属小学校　盛山隆雄）

いろんな問題をつくってみよう

問題1 次の問題の答えを求める式を㋐から㋓の中から選んで，選んだ理由も書きましょう。

> 15人の子どもがいます。1人に赤い色紙を5まいと，青い色紙を3まいずつ配ります。配る色紙は，ぜんぶで何まいになりますか。

㋐ 15×5×3　　　㋑ 5×15＋3×15
㋒ (5＋3)×15　　㋓ 15×(5＋3)

・答え（　　　　）

・理由（　　　　　　　　　　　　　　　　　　　　　　　　）

問題2 次の式で答えが求められる問題をつくりましょう。

① 500×3＋2

② 500×(3＋2)

なまえ	年　　組　　番	

問題3 次のような問題をつくって，式と答えも書きましょう。

① たし算・ひき算・かけ算・わり算のうち，2つ以上使う問題

問題
→

式

・答え（　　　　）

② たし算・ひき算・かけ算・わり算のうち，2つ以上使って，
（　　）も使う問題

問題
→

式

・答え（　　　　）

解説

出題の意図

①「深める（発展）」活動
　・問題をつくる活動

正答例

1．（答え）　㋑　（理由）赤い色紙が5×15枚で，青い色紙が3×15枚だから。
　　　　　　㋒　（理由）赤い色紙と青い色紙を合わせて，8枚を15人に配るから。

2．①「500個入りのあめが3袋と，ばらのあめが2個あります。あめは全部で何個ありますか。」
　　　など
　　②「500個入りのあめが㋐のかごに3袋，㋑のかごに2袋あります。あめは全部で何個ありますか。」など

3．①（問題）始業式に買ってもらった3ダースの鉛筆のうち，27本を使いました。鉛筆はあと何本残っていますか。
　　　（式）12×3－27＝9　　（答え）　9本　　＜かけ算とひき算を使った問題＞

　　②（問題）1組は25人，2組は23人の子どもがいます。2つのクラスを合わせて6つのグループを作ることになりました。1グループは何人になりますか。
　　　（式）（25＋23）÷6＝8　　（答え）　8人　　＜（　）とたし算とわり算を使った問題＞

指導のために

　4年生までに学習した，整数の四則計算を使った問題である。
　　　　問題1は，問題(場面)から立式する。
　　　　問題2は，式から問題(場面)をつくる。
　　　　問題3は，条件にあった問題(場面)をつくり，立式する。
　場面を理解して解くだけでなく，条件から場面をつくり出すことで，基礎・基本を駆使してさらに定着させたり柔軟な思考を育てたりすることができる。授業展開では，問題の解き方をみんなで検討したり，互いに問題を出し合ったりして，学習を広げてほしい。

○位置付け
　　4年「四則混合式」，「（　）を用いた式の意味」，「計算の順序」の学習後

○この問題を解くために必要な指導

「四則のまじった計算の順序」「（　）を用いた式」「（　）内の式は一つの数を表すこと」「複数の式や条件を1つの式に表すこと」など，繰り返し練習して基礎・基本を十分に定着しておく必要がある。

また，「文章を読んで場面を理解すること」や「問題(場面)から立式すること」「式から問題(場面)をつくること」などを，折に触れて指導を積み上げていく必要もある。

一度にすべての問題を扱うのが難しい場合には，何度かに分けて取り組むなどしてほしい。

授業展開例

	学 習 活 動	留 意 点 な ど
問題把握	T （問題用紙を配布） 　　これまで学習したことを生かして，問題を解いてみましょう。 C 問題を読み，解決の見通しを立てる。	・一度にすべての問題を扱うのが難しい場合には，何度かに分けて取り組む。
自力解決	C 既習事項を生かして，自分なりの考え方で問題を解く。 　　解き終えたら，題意に即して正確に解答しているかを見直しする。	・複数の演算を伴うので，まずは1つずつの演算の式に表してから1つの式にまとめさせる。 ・場面理解や解決の見通しの立たない子どもには，絵や図，半具体物などを使って個別指導をする。 ・既に終えた子どもには，複数の解答を考えさせたり，わかりやすい説明のしかたを考えさせたりする。
検討	T 問題の解き方を一緒に考えていきましょう。 C 自分の解答を発表し，みんなで検討する。 (問題1)どのように考えて答えを求めたのかを発表する。 　　　　考え方が正しいかをみんなで検討する。 (問題2)自分が考えた文章問題を発表する。 　　　　問題の式と合っているかをみんなで検討する。 (問題3)自分が考えた条件に合った問題を発表する。 　　　　①条件に合っているか，考えた文章問題と解答が合っているかをみんなで検討する。 　　　　②互いに考えた文章問題を出し，解き合う。	・全員が自分なりの考えを発表し，それに対して意見や質問を伝え合える時間をつくる。 ・児童数が多いなど，全員の発表が難しい場合は，少人数グループ(班など)で発表を行わせ，全体発表は数名にする。
まとめ	T 日常生活の中に算数で習ったことを生かして表せることがあることを伝える。	・子どもの考えた文章問題を回収し，後日プリントに印刷して紹介したり，問題集にしたりする。 ・画用紙は教室掲示する。

(目黒区立東山小学校　守屋大貴)

算数 かんたん！三角形の面積の求め方

問題 下の図のような図形の面積を求めます。

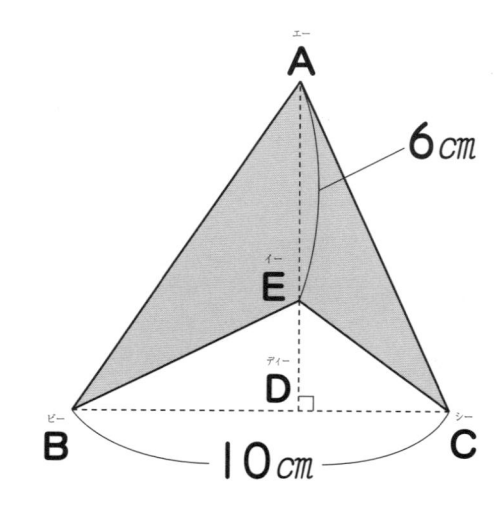

① まゆさんは，次のように言いました。

> 直線EDの長さがわかれば，求められます。

直線EDの長さが3cmだとしたら，まゆさんはどのように答えを求めるのでしょうか。解き方を，言葉，図，式を使って説明しましょう。

解き方

　　　　　　　　　　　年　　組　　番
なまえ

② ひろきさんは次のように言って，ノートに考え方を書きました。
ひろきさんの考え方を，言葉や図を使って説明しましょう。

> 直線EDの長さがわからなくても，求められるよ。

〈ひろきさんのノート〉

この図形は，底辺が10cm，高さが6cmの三角形と
同じ面積だから，

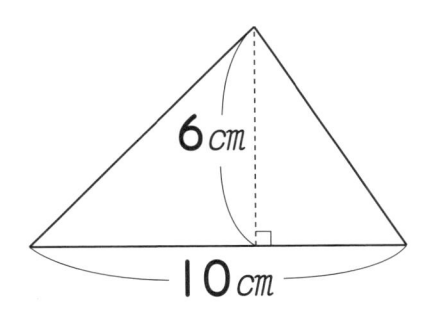

6cm
10cm

10 × 6 ÷ 2 = 30

答え　30cm²

ひろきさんの考え方

解説

出題の意図

②「広げる（応用）」活動　　③「使える（適用）」活動

　基本的な図形の面積の求積方法を活用して，図形を分割，結合して面積を求めるとともに，等積変形による求積方法を考えさせる問題である。また，求め方を図や文章を使って論理的に表現し，説明できるようにさせたい。

正答例

① 直線EDの長さがわかれば，大きな三角形の面積から，小さな三角形の面積をひくことで，この面積を求めることができるとまゆさんは考えました。

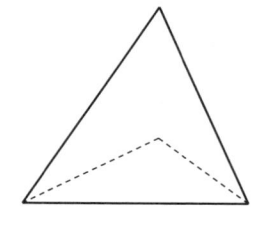

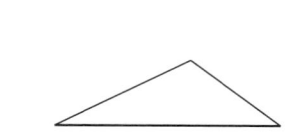

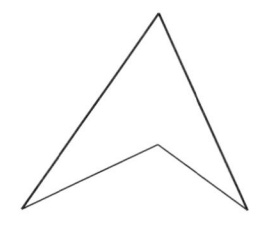

$$10×(3+6)÷2-10×3÷2=30$$

答え　30cm²

② 直線ADに平行な直線を点Bと点Cからひくと，辺AEを底辺とする三角形のちょう点を動かして，面積の等しい三角形をつくることができます。すると，底辺が10cmで高さが6cmの三角形になるので，10×6÷2で面積を求めることができます。

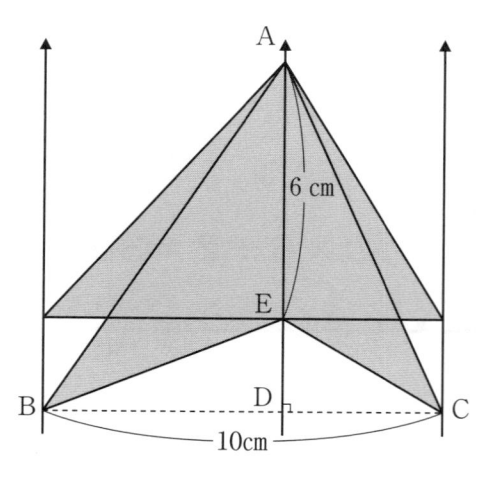

指導のために

○位置付け

　5年「三角形の面積」の学習後

・BD，DCの長さがわかっている問題などについても考えられると良い。

授業展開例

学　習　活　動	留　意　点　な　ど
T：(数値の入っていない図形を示して)どこの長さがわかれば，面積が求められるでしょうか。 C：直線ＡＥ，ＥＤ，ＢＣの長さです。 T：それではどのように求めますか。説明しましょう。 (①の解答例を参照)	・使う直線によって求め方が異なることを気付かせたい。
T：そのほかのやり方では，どこの長さがわかれば求められるでしょうか。 C：直線ＡＥ，ＢＤ，ＤＣの長さです。 T：それではどのように求めますか。説明しましょう。 C：ＡＥを底辺とする２つの三角形の面積を求めればよいです。 T：直線ＢＤ，ＤＣと分けるのではなく，直線ＢＣの長さがわかるだけでは求められませんか。 C：２つの三角形の面積を求める式をまとめれば，直線ＢＣの長さが底辺になります。	・もうひとつの求め方だが，こちらも分割して求めている。
T：直線ＡＥとＢＣの長さだけがわかっているとき，ほかの求め方はありますか。 C：図形を変形します。 (②の解答例を参照) T：今までの面積の求め方を利用して，いろいろな考え方で求めることができますね。	・等積変形に気付かせたい。 ・同じ式でも，意味が異なることに気付かせたい。

(昭和女子大学附属昭和小学校　鈴木純)

算数 分数の大きさをくらべてみよう

なまえ　年　組　番

問題1　どちらの分数が大きいでしょう。

$\dfrac{2}{7}$　　$\dfrac{2}{6}$　　　　（　　　）

- そのわけを，説明しましょう。

[　　　　　　　　　　　　　　　　　　　　　　]

問題2　どちらの分数が大きいでしょう。

$\dfrac{3}{4}$　　$\dfrac{4}{5}$　　　　（　　　）

- そのわけを，説明しましょう。

[　　　　　　　　　　　　　　　　　　　　　　]

解説

出題の意図

②「広げる（応用）」活動

　5年生では，大きさの等しい分数について，右のような表を使って，どの分数とどの分数が同じ大きさかを学習する。等しい大きさの分数を計算により求める学習（約分や倍分）は，6年生での学習となる。

　右の表を見ると，$\frac{2}{7}$ より $\frac{2}{6}$ のほうが大きいことが，説明できる。また，$\frac{3}{4}$ より $\frac{4}{5}$ のほうが大きいことも，説明できる。$\frac{1}{4} > \frac{1}{5} > \frac{1}{6} > \frac{1}{7}$ をもとにして，①は単位分数を2つ合わせた結果，②は1から単位分数をひいた結果として説明させたい。また，「表を見なくても，考えることができる」という力もつけたい。

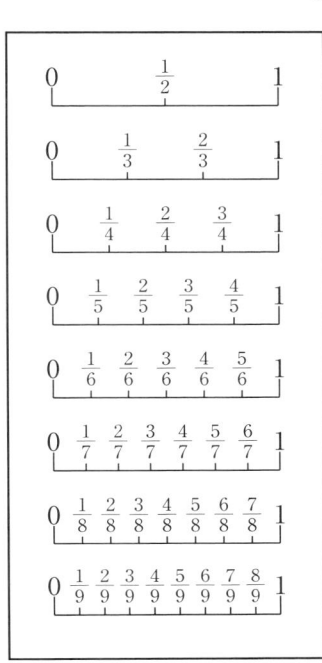

```
0 ─────── 1/2 ─────── 1
0 ──── 1/3 ──── 2/3 ──── 1
0 ── 1/4 ── 2/4 ── 3/4 ── 1
0 ─ 1/5 ─ 2/5 ─ 3/5 ─ 4/5 ─ 1
0 1/6 2/6 3/6 4/6 5/6 1
0 1/7 2/7 3/7 4/7 5/7 6/7 1
0 1/8 2/8 3/8 4/8 5/8 6/8 7/8 1
0 1/9 2/9 3/9 4/9 5/9 6/9 7/9 8/9 1
```

正答例

※ ①②共に，「分子が1のときは，分母が大きくなるほど数の大きさは小さくなる」という意味のことをもとにして考えていれば，正解である。

① $\frac{2}{6}$

（例）

　$\frac{1}{2}$ は $\frac{1}{3}$ より大きく，$\frac{1}{3}$ は $\frac{1}{4}$ より大きく，……と，分子が1の分数は，分母が小さいほうが大きい。分子が1のとき $\frac{1}{7}$ より $\frac{1}{6}$ のほうが大きいので，その分数が2つ集まっても分子が6のほうが大きい。だから，$\frac{2}{6}$ が $\frac{2}{7}$ より大きい。

② $\frac{4}{5}$

（例）

　$\frac{1}{2}$ は $\frac{1}{3}$ より大きく，$\frac{1}{3}$ は $\frac{1}{4}$ より大きく，……というように，分子が1の分数は，分母が小さいほど大きい。これは，分ける数が多ければ多いほど数の大きさが小さくなるから。

　1から数をひくなら，小さい数をひいたほうが残りの数の大きさは大きくなる。$\frac{3}{4}$ は1から $\frac{1}{4}$ をひいたもの，$\frac{4}{5}$ は1から $\frac{1}{5}$ をひいたものだから，$\frac{4}{5}$ のほうが大きい。

第4章　活用力を育てる問題と授業の在り方

指導のために

○位置付け
　5年「分数」を学習した後

○この問題を解くために必要な用意と指導

　授業で扱うときは，分数の大きさを大まかに把握させてから考えさせるとよい。

　分数の表を，掲示用または子どもに配るものとして用意しておく。

　小数に直そうとしたり，通分（未習）をしようとする子どもには，「それをしないでもわかる方法はありませんか。」と促す。

　ノートには，判断した理由をできるだけ詳しく書かせる。答えがわからない子どもや理由が書けない子どもには，分数の表を配り，全員が何らかの理由を書けるようにする。子どもたちが迷っている場合にも，「どこまでわかるのか」を書くように個別指導する。理由を言葉で表すことで，考え方が定着する。

授業展開例

		学習活動	留意点など
1	1	T　$\frac{1}{2}$と$\frac{1}{3}$では，どちらが大きいでしょう。 C　$\frac{1}{2}$のほうが大きい。 T　どうしてわかるのですか。 ……（少し間をおく） C　2等分した1つ分のほうが，3等分した1つ分より大きいから。 T　それでは，$\frac{1}{3}$と$\frac{1}{4}$では，どちらが大きいでしょう。 ・ ・ （省略） ・ ・	○復習 数直線や図を使って説明させるとよい。
		T　分子が1のとき，分数の大きさはどのように見分けることができますか。 C　分母が大きいほうが，小さくなっている。 T　なぜそう言えるのでしょうか。 C　等分する数が大きくなればなるほど，分けられた数は小さくなるから。	いつでも言えるかの検証をする。

	$\frac{2}{7}$と$\frac{2}{6}$では、どちらが大きいでしょう。 T　発表しましょう。 C　どこを比べたらよいのかわからない。 T　よく見てみましょう。2つの分数で、同じ部分はありませんか。 C　分子が2で同じ。 T　分子が同じときに、比べる方法はないでしょうか。 C　分子が1ならわかる。 T　では、図に描いてみましょう。 C　2つ分でも、1つ分のときと同じで、分母が小さいほうが大きくなる。 C　分母が小さいほうが数は大きく、分母が大きいほうが数は小さくなる。 T　では、隣同士で、今のことを説明しましょう。そして、理由を整理して書いてみましょう。	○問題把握 ○自力解決 　考えつかない子どもには、分数の図を示す。 ○発表 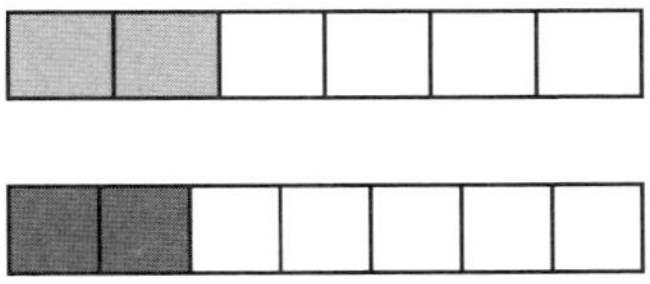 ○まとめ 　説明することにより、全員に言葉の力をつける。
2	では、$\frac{3}{4}$と$\frac{4}{5}$では、どちらが大きいでしょう。 T　どのようにして比べたらよいでしょうか。 C　$\frac{3}{4}$と$\frac{4}{5}$はそのままではわからないけど、工夫するとできる。$\frac{3}{4}$は1より$\frac{1}{4}$だけ小さくて、$\frac{4}{5}$は1より$\frac{1}{5}$だけ小さいことが使える。 C　$\frac{1}{4}$と$\frac{1}{5}$では、$\frac{1}{5}$のほうが小さい。 C　それなら、1から小さい数をひいたほうが大きくなるから、$\frac{4}{5}$のほうが大きい。 T　では、隣同士で、今のことを説明しましょう。そして、理由を整理して書いてみましょう。 T　今日の問題では、どのように考えたことが解決につながりましたか。 C　何分の一、という、分子が1の分数をもとに考えたこと。 C　分子が1の分数を、1からひいたこと。	○問題把握 ○自力解決 　考えつかない子どもには、分数の図を示す。 ○発表 　できれば、数直線や図を描かせる。 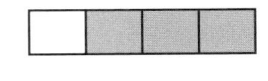 ○まとめ 　説明することにより、全員に言葉の力をつける。 ○考え方のまとめ 　この時間の考え方のまとめをする。

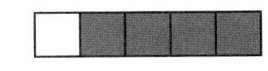

(学習院初等科　大澤隆之)

算数 なぞなぞ1位は何年生？

問題 たかしさんの学校では，給食の時間に，放送委員会が「なぞなぞ」を放送しました。

> 『パンはパンでも，食べられないパンってなあに？』
>
> この「なぞなぞ」がわかった人は，今日の放課後までに，紙に書いて放送室の前にある箱に入れてください。

次の日に，「なぞなぞ」の答えが書かれた紙を集計しました。その結果，正解者の人数は次のようになりました。

学　年	1年生	2年生	3年生	4年生	5年生	6年生
各学年の正解者(人)	25	30	10	15	25	20

そして，放送委員会から，どの学年が正解者が多かったのか，順位と人数が発表されました。

> 第1位は2年生です。30人が正解しました。
> 第2位は1年生と5年生です。25人が正解しました。
> ……

なまえ　　　　年　　組　　番

　ところがこの放送の間に,「1年生と5年生が同じ2位なのはおかしい」と放送委員会は言われました。1年生と5年生では, 学年全体の人数がちがうから, それを考えれば, 5年生が単独2位だ, というのです。1年生は100人, 5年生は80人います。
　そこで, 学年全体の人数も考えに入れて, 順位を決め直すことになりました。それぞれの学年の人数は, 下の表のとおりです。

学　年	1年生	2年生	3年生	4年生	5年生	6年生
学年全体の人数(人)	100	100	50	60	80	80

　学年全体の人数と正解者数から考えると, 何年生が1位になったといえますか。

(　　　　　　)

> それぞれの学年で, 何%の人が正解しているのか考えよう。

解説

出題の意図

③「使える（適用）」活動
⑥「読める（分析）」活動

・算数の内容を日常に生かす内容である。表を読んで考えるが、単純に正解者数の比較をするだけではなく、資料を数量的にとらえる場合には、割合を用いて比較することのよさを感じさせるようにしたい。

正答例

それぞれの学年の正解者の人数の割合を計算すると、次のようになる。

学年	1年生	2年生	3年生	4年生	5年生	6年生
正解者の人数（人）	25	30	10	15	25	20
学年全体の人数（人）	100	100	50	60	80	80
正解者の割合（％）	25	30	20	25	31.25	25

よって、1位は5年生、2位は2年生、3位は1年生・4年生・6年生ということになる。

指導のために

○位置付け
　5年「割合」の学習後

授業展開例

	学 習 活 動	留 意 点 な ど
導入	●問題場面について話し合う。 T　1年生と5年生が，どちらも2位と考えたわけについて発表しましょう。 T　1年生と5年生が，同じ順位ではないと考えたわけについて話し合いましょう。 C　5年生は80人いるけれど，1年生は100人いるので，もとの人数がちがっています。	・日常生活の中で，放送委員会が給食の時間の放送でなぞなぞをすることを思い出させ，そのときにアンケートをとるようなこともあり得ることに気づかせる。
展開	なぞなぞの正解を多く書いてくれた学年は，正解者の人数だけでは決まらないようです。学年全体の人数を考えたとき，どの学年を1位とすればよいでしょうか。 |	1年生	2年生	3年生	4年生	5年生	6年生
---	---	---	---	---	---	---
正解者の人数(人)	25	30	10	15	25	20
学年全体の人数(人)	100	100	50	60	80	80 | T　学年全体の人数をもとに，正解者の人数はどれだけの割合かについて考えましょう。 C　1年生　25÷100 = 0.25　　　25％ C　2年生　30÷100 = 0.3　　　30％ C　3年生　10÷50 = 0.2　　　20％ C　4年生　15÷60 = 0.25　　　25％ C　5年生　25÷80 = 0.3125　　31.25％ C　6年生　20÷80 = 0.25　　　25％	・正解者の人数だけでは比べられないという考え方の意味がわからない子どもに対しては，テープ図や線分図を用いて理解させるようにする。 ・5年生については，小数第4位で割り切れるので，計算が苦手な子どもには電卓を用いさせてもよい。
終末	●今日の学習のまとめをする。 T　物事を比較するとき，人数の差が大きいほうがよりよい場合と，割合で比べ，割合が大きいほうがよりよい場合があることがわかりましたね。	

（山形大学地域教育文化学部　笠井健一）

算数　ケーキを4つに分けてみよう

なまえ　年　組　番

問題

　フライパンで，まん丸（円）のおいしそうなホットケーキを作りました。

　家族4人で等しい大きさ（面積）に分けたいと思います。定規や分度器，コンパスなどを使って，いろいろな切り分け方を考えてみましょう。

　4等分に切り分けられていれば，切る線は直線でも曲線でもよいです。そして，4等分になっている理由も説明しましょう。

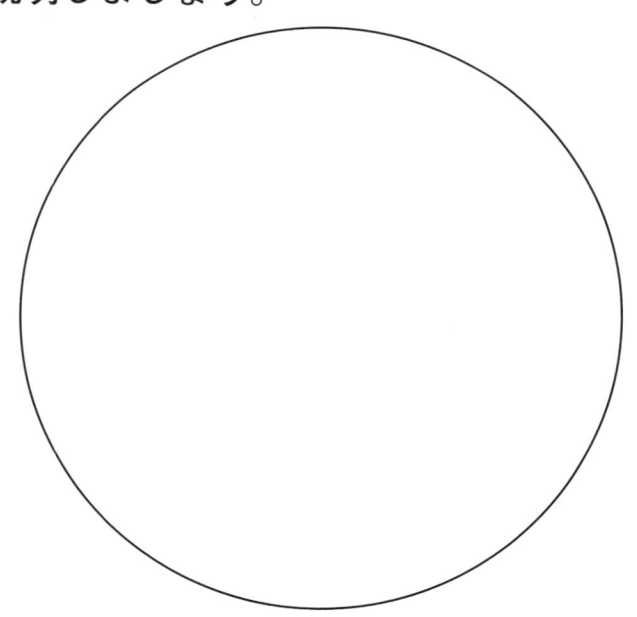

・理由（　　　　　　　　　　　　　　　　　　　　）

解説

出題の意図

②「広げる(応用)」活動
- 基本の考え方を生かす,幅広い応用。
- 最も大切な基本の考えをもとに,その筋を生かす問題について考える。

正答例

あ

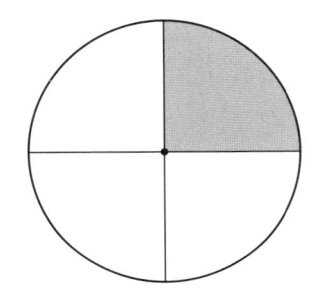

2本の直線が円の中心で直角に交わるように,十文字に区切る。

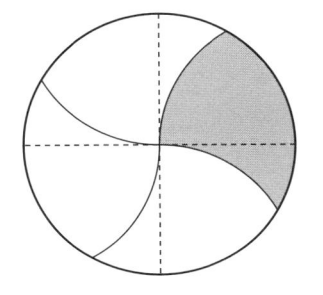

い

あの直線と円周の交点にコンパスの針を置き,円周の一部で区切る。

う

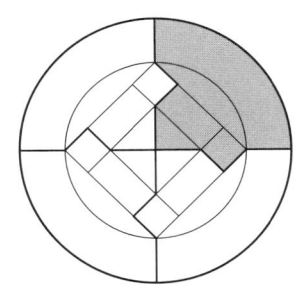

同心円で様々な図形で区切り,等しい箇所を結ぶ。

え

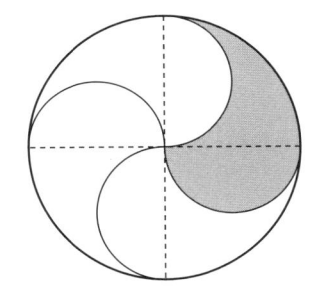

半径の中心を半円の中心として区切る。

お

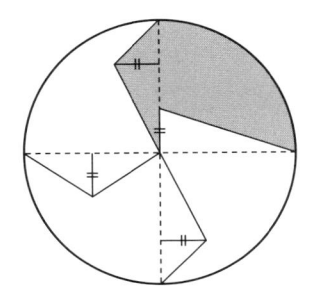

三角形の面積は,(底辺)×(高さ)÷2で求められることから,半径を底辺とみれば,高さの等しい様々な三角形は,すべて面積は等しい。

か

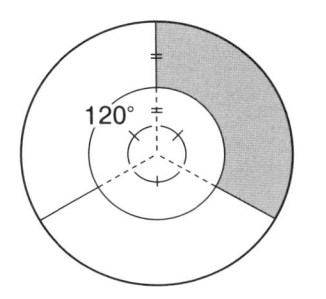

もとの円の半分の半径の円の面積は,もとの円の1/4になる。まわりのドーナツ型の面積はもとの円の面積の3/4になるから,120°で3等分する。

いえおはどれも,あを基本として隣りから食い込んできた面積の分だけ,隣りにはみ出す。そのため,形は違っても同じ面積になる。

指導のために

○位置付け

　5年「円の面積」の学習後

　あえて半径や直径などの数値は示していない。既習事項を生かし，等分するために必要と思う箇所を自分で選択し，正確に測りとるためである。

　4等分のしかたは様々あるので，1つの方法だけでなく他の方法でも考えさせるようにするとよい。また，4等分である説明（証明）ができるようにすることで，確実に理解させることが期待できる。

○他との関連

　図形の面積を等しく分ける学習は，円の面積を学ぶ前の三角形や四角形でも，その後の多角形でも取り組むことができる。

　図形の面積のいろいろな見方を育てるために，等分するという学習は活用できる。例えば，等分するには，各図形の中心を見つければよいということなどである。

○用意するもの

　　画用紙，定規，分度器，コンパス
・画用紙には円を印刷しておく。複数枚使用する子もいるので多めに印刷しておく。
・その他，子どもが必要と思うものは何でも使用してよい。

【いろいろな図形の4等分】

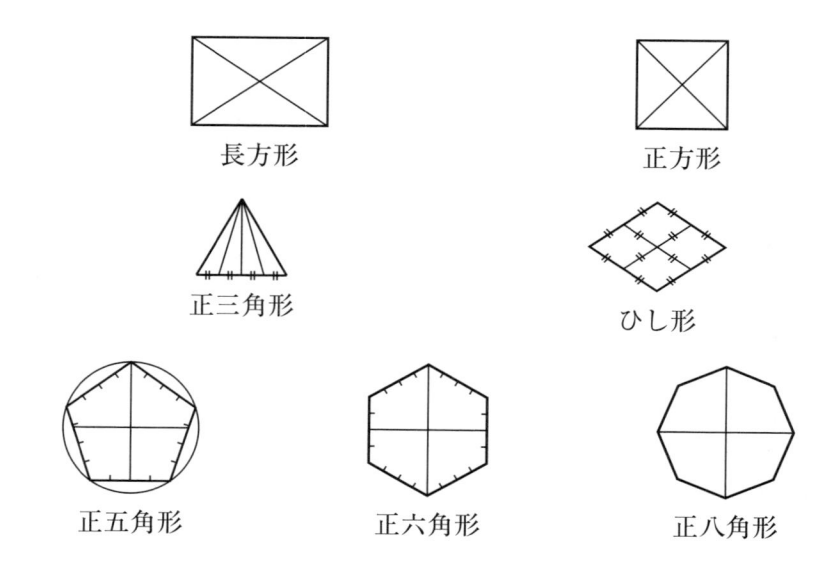

長方形　　　　　　　　正方形

正三角形　　　　　　　ひし形

正五角形　　　正六角形　　　正八角形

○**この問題を解くために必要な指導**

　定規や分度器，コンパスなど，問題を解くのに必要と思う道具は何を使ってもよいことを告げる。そうすることで，子どもは既習事項を生かして必要な箇所の計測を行う。用紙を拡大縮小して印刷する場合，子どもが測りとりやすい数値の円になるように注意する必要がある。

　しかし，解答例でもわかるように，4等分するためには必ずしも測りとる必要はない。円の面積を測定せず，図形的に分割すると4等分できるからである。だが，数値を求めて4等分する子どももいるだろうし，4等分になっていることを証明するために数値を使用することもあるので，子どもに配布する用紙に描く円は，数値の測りとりやすい大きさにする方がよいだろう。

　授業展開では，「なぜ4等分と言えるのか」の説明を子どもにぜひさせてほしい。説明させるには，学習したことを生かして相手にわかりやすい発表のしかたを指導する必要がある。「なぜここを切ったのか」「どんな道具を使って4等分にしたのか」などを，言葉とともに絵や図，式などで示したり，実際にみんなの前でやったりすることで，学習を共有できることと思う。

授業展開例

	学習活動	留意点など
問題把握	T．（問題用紙を配布） 　これまで学習したことを生かして，問題を解いてみましょう。 C．問題を読んで題意を理解し，解決の見通しを立てたり必要な道具を用意したりする。	・定規や分度器，コンパスなど，問題を解くのに必要と思う道具は何を使ってもよいことを告げる。
自力解決	C．既習事項を生かして，自分の考え方で問題を解く。 　解き終えたら，題意に即して正確に解答しているかを見直しする。 T．1つの方法で4等分できたら，他の方法でも考えてみましょう。どのような方法で4等分したのかをわかりやすく説明する練習をしましょう。 C．友達にわかりやすく説明する練習をする。 　「言葉」「式」「図・絵」などを活用する。	・正確に4等分できているかを確かめさせる。 ・解決の見通しの立たない子どもには，分割例を示したり解決した子どもの解答を例示したりして個別指導をする。 ・既に終えた子どもには，複数の分割を考えさせたり，わかりやすい説明のしかたを考えさせたりする。
検討・まとめ	T．自分の考えた4等分のしかたをわかりやすく説明しましょう。 C．自分の考えを発表する。 　・疑問を質問する。 　・正しく4等分されているか検討する。 T．この問題には正解はなく，自分なりの考えをもち，わかりやすく説明できることが大切であることをおさえる。	・全員が自分の考えを発表し，それに対して意見や質問を伝え合える時間をつくる。 ・児童数が多いなど，全員発表が難しい場合は，少人数グループ（班など）で発表を行わせ，全体発表は数名にする。 ・子どもの考えた4等分を記した画用紙は，教室掲示する。

（目黒区立東山小学校　守屋大貴）

六角形の中の三角形は？

問題

コンパスを使って，下の円のまわりの線をその半径（はんけい）で区切っていって，その各点を直線でつなぐと，正六角形（せいろっかくけい）ができます。この正六角形の各ちょう点から円の中心に直線をひくと，下のような図形ができます。

この正六角形の中にある6つの三角形は，どれも正三角形になります。そのわけを，右の①から③の考え方で，言葉や図を使って説明しましょう。

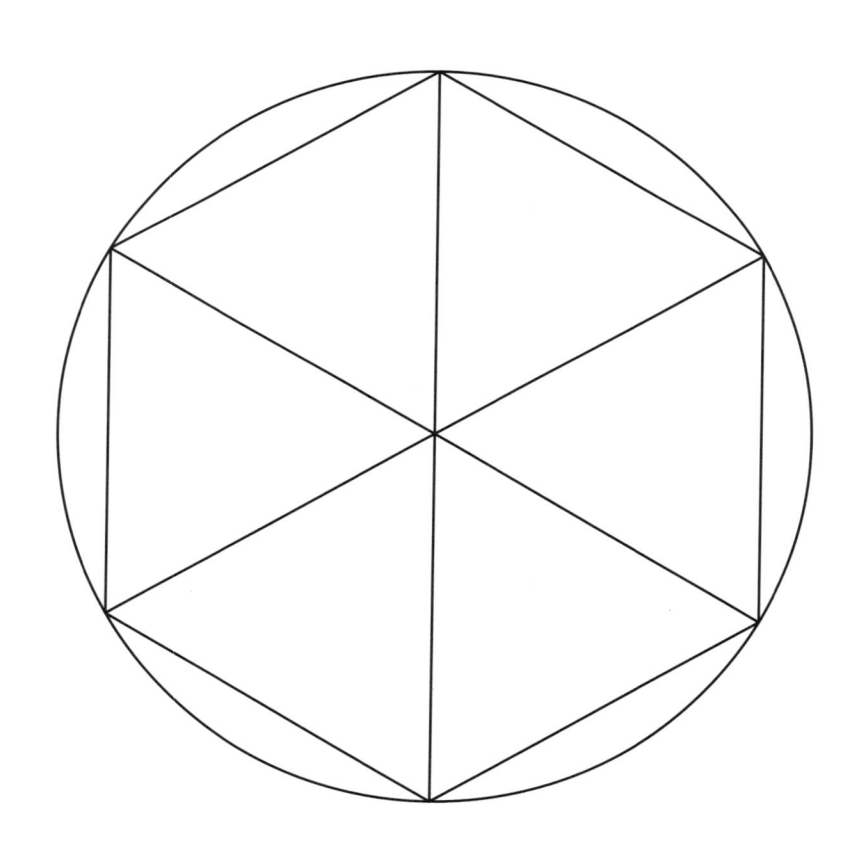

なまえ　年　組　番

① 辺の長さだけを使って考えましょう。

〔　　　　　　　　　　　　　　　　　　　　　　　〕

② 角の大きさだけを使って考えましょう。

〔　　　　　　　　　　　　　　　　　　　　　　　〕

③ 辺の長さと角の大きさの両方を使って考えましょう。

〔　　　　　　　　　　　　　　　　　　　　　　　〕

解説

出題の意図

①「深める（発展）」活動　　②「広げる（応用）」活動　　③「使える（適用）」活動
④「繋げる（関連）」活動

- 円の性質について理解できているかどうかをみる。（「円の半径はどれも等しい」ことを使う。）
- 正三角形の性質について理解できているかどうかをみる。（「3つの辺の長さが等しい。3つの角の大きさが等しい。」ことを使う。）そこから発展的な性質に繋げることができるかどうかをみる。
- 複合図形の中にある図形を見極めて考えることができる。（1つの三角形について十分な理解を得ている。また「複合図形の中の個々の図形と，全体の図形を切り離して見ることができる」という意味で使ってもいる。）
- 順序立てた文章で論理的に説明することができるかをみる。

正答例

①三角形の3つの辺のうち，円の中心と正六角形のちょう点を結んでできる2つの辺は半径です。それから，外側の辺は，円のまわりを半径で区切ったのだから，この辺も半径と同じ長さになります。つまり <u>3つの辺の長さが等しいので，正三角形になります。</u>

②三角形の3つの角のうち，2つの半径がつくる角は360÷6＝60で60°になります。それから，三角形の残りの2つの角の大きさは，両方とも正六角形の1つの角の半分の大きさです。正六角形の角の和は180×4＝720で720°だから，正六角形の1つの角はそれを6で割って720÷6＝120で，120°。どちらも120÷2＝60になります。つまり， <u>3つの角の大きさが等しいので，正三角形になります。</u>

③三角形の3つの角のうち，2つの半径がつくる角は360÷6＝60で60°になります。また，その60°の角をつくっている2つの辺は両方とも円の半径なので，長さは等しいです。このことから，この三角形は二等辺三角形になります。二等辺三角形の残りの2つの角の大きさは等しくなるので，(180－60)÷2＝60で，60°になります。つまり， <u>3つの角の大きさが等しいので，正三角形になります。</u>

指導のために

○位置付け

5年「図形の角」の学習後

○この問題を解くために必要な用意と指導
・この学習をするにあたって，いろいろな図形の定義を言葉で説明できるようにしておくことが大切である。
・図形の持つ性質などから，問題を解くのに必要な情報はどれであるかに気づき，整理できるよう，授業の中で多くの図形に接しておく必要がある。
・実際に，子どもにコンパスで円とその中に内接する正六角形をかかせることで，図形の性質についてより理解させやすくなる。
・他の正多角形も取り扱うことで，新たな性質（例えば正六角形のみが内側に正三角形を持ち，他の正多角形では二等辺三角形になる）に気づくことができる。
・三角形の合同条件についても考えることができる。

学 習 活 動	留意点など
T：正六角形をかきましょう。コンパスと定規を使います。	・作図をしながら，図形内の半径が三角形の1辺としてどのような意味があるのかを意識させたい。
T：円の中に6つある三角形はどのような三角形ですか。 C：正三角形です。 T：なぜ正三角形と言えますか。 （図形の補足説明をする。） C：（解答の流れを参照。）	・正三角形ということは視覚的に理解できるが，それを証明する過程を重視する。 ・どんな条件が揃えば正三角形だと第三者を納得させることができるか，自由に議論させる。（あるいは教科書から挙げる。） ・出てくる意見を系統立てて繋げていく。
T：その他の正多角形もコンパスと定規だけでかけるかどうかやってみましょう。 C：コンパスと定規だけではできません。分度器が必要です。（正12，24，48角形では垂直二等分線を使うなど，方法がないわけではない。） T：なぜでしょう。 C：正六角形だけは，円の半径と1辺の長さが同じになるからです。 T：それでは，円の中に分度器を使って他の正多角形をかいていきましょう。	・円に内接する，他の正多角形をかく作業も取り入れることにより，正多角形の特徴がわかる。（この場合，コンパスでは作図できず，分度器を用いる。） ・正六角形以外では，内側にできる三角形が二等辺三角形であることを，作図の中で気づき，その理由を説明できるようにする。

(昭和女子大学附属昭和小学校　鈴木純)

マーマレードを作ろう

問題

りえさんのクラスではマーマレードを1ℓ作ることになりました。マーマレードは、オレンジの果汁を煮詰めて5倍の濃さにすればできあがりです。

そこで、りえさんは次のAからDの4種類のオレンジの果汁について調べることにしました。

1個の重さと とれる果汁の量

	1個の重さ	とれる果汁の量
A	200g	80㎖
B	150g	60㎖
C	100g	45㎖
D	120g	50㎖

① 果汁が入っている割合を調べるのに、まことさんはオレンジ1gあたりの果汁の量を調べることにしました。Aのオレンジの果汁が入っている割合を求める式は、㋐から㋓のどれですか。

㋐ 200 × 80
㋑ 80 ÷ 200
㋒ 200 ÷ 80
㋓ 200 − 80

( )

	年　　組　　番	
な ま え		

② りえさんは，AからDのオレンジの果汁が入っている割合を比べるのに，下のようにすれば簡単だと言いました。りえさんの考え方がなぜ簡単なのか，わけを説明しましょう。また果汁が入っている割合がいちばん高いオレンジはどれですか。

$$\text{Aのオレンジ…}80 \times 3 \quad \text{Bのオレンジ…}60 \times 4$$
$$\text{Cのオレンジ…}45 \times 6 \quad \text{Dのオレンジ…}50 \times 5$$

わけ（　　　　　　　　　　　　　　　　　　　　　　　　）

●果汁が入っている割合がいちばん高いオレンジは…（　　）

③ りえさんのクラスではAとDのオレンジを買うことにしました。

> まず，マーマレードを作るために必要な果汁の量を求めよう。

> 1個あたりの果汁の量を考えれば，AとDが何こ必要かわかるね。

ぜんぶで70個のオレンジを買って1ℓのマーマレードを作るには，AとDのオレンジをそれぞれ何個買えばよいですか。言葉や式を使って，答えを求めましょう。

A…（　　　　），D…（　　　　）

解説

出題の意図

②「広げる(応用)」活動
③「使える(適用)」活動

　2つの量の割合でとらえられる数量は日常の生活でもよく出てくる。物を買うときや料理をするときには特に必要となる。そこでは次のような力が必要となる。
・2つの量の一方を固定して，もう一方の量だけで比較できる。
・能率的に比較することができる。
・倍数の考えを用いたり，全体の量を考えたりするなど，複合的な力を使用できる。
・重さと容積が，違うものであるということを理解できる。

(各設問について)
① 表から果汁の量を直接比較することはできないので，果汁の量と重さの2量を意識して1gあたりの量の求め方を理解しているかどうかをみる。
② 公倍数を使った求め方を理解しているかどうかをみると同時に，能率的な考え方ができるかどうかをみる。
③ 全体の量を意識しながら，個数と果汁の2量の関係を考えることができる。

正答例

① 80 ÷ 200　　80mlを200gで割ることで，1gあたりの果汁の量が求められる。
② りえさんは，重さを公倍数の600gにそろえることで，果汁も同じように比べられると考えた。小数が出てこないで，暗算でできる計算で求めた。
　　　A　80 × 3 = 240
　　　B　60 × 4 = 240
　　　C　45 × 6 = 270
　　　D　50 × 5 = 250　　　答えはC
③ マーマレードを作るのに必要な果汁の量は，5倍に煮詰めるので，
　　　1000 × 5 = 5000(ml)
となる。Aは1個80ml，Dは1個50mlの果汁がとれることを考え，Aを□個買ったとすると次のような式になる。
　　　80 × □ + 50 × (70 − □) = 5000(ml)
したがって，Aは50個，Bは20個となる。表に表して考えると，

Aの個数（個）	0	10	20	30	40	50	…
Dの個数（個）	70	60	50	40	30	20	…
Aからとれる果汁（ml）	0	800	1600	2400	3200	4000	…
Dからとれる果汁（ml）	3500	3000	2500	2000	1500	1000	…
全部の果汁（ml）	3500	3800	4100	4400	4700	5000	…

指導のために

○位置づけ

6年「倍数と約数」，「単位量あたりの大きさ」の学習後

授業展開例

学 習 活 動	留 意 点 な ど
① T：（表を見せて）果汁の量は比べられるかな。どう考えたらよいですか。 C：1gのときの量を考えます。 C：1mlのときの重さを考えます。 C：重さの公倍数を考えます。 C：量の公倍数を考えます。 T：それではそれぞれの調べ方で，果汁が入っている割合が多いオレンジを見つけましょう。	・表から，オレンジ1個について2つの情報があることに気付かせたい。重さと量の関係に気付かせたい。 ・何を基準に考えるかを押さえる必要がある。
② T：次のように考えて答えを出すと簡単だといっている友だちがいます。なぜだと思いますか。 　　A　80×3　　B　60×4 　　C　45×6　　D　50×5 C：公倍数を使って，重さを600gにそろえています。 　例えばAのオレンジは600÷200＝3　　80×3 C：倍数を使うから，小数の計算がなく，暗算でできます。	・日常生活ではどの方法がいちばん活用しやすいかを考えさせたい。 ・式から考え方を説明できるようにする。 ・より，便利な導き方を考えさせる。
③ T：オレンジの個数を求めるには，何がわかるとよいかな。 C：全体は1ℓだから，1000mlの果汁が必要。 C：5倍に煮詰めるから，果汁は5倍必要で，5000mlの果汁を用意する。 C：オレンジはわり切れる個数で買う必要がある。 C：Aは1個の果汁の量が80ml，Dは1個の果汁の量が50mlとなる。 C：合わせて70個だから，Aを□個買うとすると，Dは(70－□)個買うことになる。	・日常生活では複合的な要素が加わるので，その要素を一つ一つ明らかにして，順序だてて計算を進めることに気付かせたい。

（昭和女子大学附属昭和小学校　鈴木純）

らくらく消費税の計算法①

問題1 定価3000円のぬいぐるみがあります。
　北店では，定価に消費税の5％をかけて，その値段の2割びきで売っています。
　南店では，定価を2割びきにした値段に，5％の消費税をかけて売っています。

<北店>
　定価に消費税の5％をかける。
　その値段の2割びきで売る。

<南店>
　定価を2割びきにする。
　その値段に消費税の5％をかけて売る。

	年　　　組　　　番	
なまえ		

とおるさんは，どちらの代金のほうが安いかを考えるために，式に表してみました。

<北店>　3000×1.05×0.8

<南店>　3000×0.8×1.05

この2つの式を見たかおりさんは，次のように言いました。

> この2つの式を見れば，計算をしなくてもわかるね。どちらも同じ代金になるよ。

どうしてかおりさんは，計算しなくても代金は同じになると言ったのでしょう。そのわけを説明しましょう。

〔わけ〕

らくらく消費税の計算法②

問題2 あいかさんとゆうとさんが，買い物に行きました。

　あいかさんは，定価2400円の洋服を買うときに，消費税の5％がいくらになるかを考えました。
　そのとき，ゆうとさんは次のような計算をして，すぐに消費税の金額を求めました。

定価の一の位の0を取る。その金額÷2をする。

＜ゆうとさんの計算＞
2400の一の位の0を取って，240。
240÷2＝120
　消費税の金額は，120円

　あいかさんがレジに行って計算をしてもらうと，たしかに消費税の5％は，120円でした。

	年　　組　　番	
な ま え		

① ゆうとさんの方法で，定価1800円の洋服の消費税の5％を求めます。求め方と，答えを書きましょう。

求め方

答え（　　　　　　円）

② なぜゆうとさんの方法で，消費税の5％の金額が求められるのでしょう。説明の続きを書きましょう。

定価の一の位の0を取るということは，定価の$\frac{1}{10}$，つまり定価の10％の金額を求めているということです。

解説

出題の意図

①「深める（発展）」活動　②「広げる（応用）」活動　③「使える（適用）」活動　⑥「読める（分析）」活動

- 1は，小数のかけ算の式を読み，小数のかけ算のきまりを活用してわけを説明できるかをみる問題である。小数第二位の桁を含んだ計算は扱っていないので，計算で解決することは原則としてできない。そのため，交換法則という計算のきまりの活用が重要な意味を持つ。
- 2①は，情報を正しく解釈し，与えられた条件にしたがって計算し，答えを求めることができるかをみる問題である。
- 2②は，特殊な計算の方法について，その方法で求められるわけを言葉や数を使って説明することができるかをみる問題である。割合の意味理解も問われている。

正答例

1　かけ算は，かけられる数とかける数を入れかえて計算しても答えは変わらない。3000 × 1.05 × 0.8 の 1.05 と 0.8 を入れかえると 3000 × 0.8 × 1.05 となり，両方とも同じ式になるから。

2①1800 の一の位の 0 を取って，180。180 ÷ 2 = 90　　答え　90円

2②（定価の一の位の 0 を取るということは，定価の $\frac{1}{10}$，つまり定価の 10％ の金額を求めているということです。）

その金額を 2 でわるということは，定価の 10％ の半分である 5％ の金額を求めることになる。だから，消費税の 5％ が求められる。

指導のために

○位置付け　6年「分数のかけ算」「分数のわり算」の学習後

1について

整数のかけ算の交換法則だけでなく，小数のかけ算においても交換法則や結合法則が成り立つことを，しっかりと押さえる必要がある。問題のような3口の小数のかけ算の式を実際の問題場面の中で扱い，交換や結合をしたときの答えを調べる活動をしておくことが大切である。

2①について

実際に様々な定価について，この計算方法で消費税を計算してみる。計算に慣れることと，一の位が 0 でない場合は使えないなど，この計算方法についての理解を深めることができる。

2②について

数直線などの図を利用して，一の位の 0 をとる（÷10 をする）と，割合が 10％ になり，その金額を ÷2 をした値が割合で言えば 10％ の半分の 5％ に当たることを理解することが大切である。消費税が 5％ という数値だからできる計算方法であることも，押さえることが必要である。

授業展開例

学 習 活 動	留意点など
1．問題提示 T．定価3000円のぬいぐるみがあります。 　　北店と南店では，下のように売っています。 　【北店】 　　定価に消費税5％をかける。 　　その値段の2割引で売る。 　【南店】 　　定価の2割引にする。 　　その値段に消費税5％をかけて売る。 T．どちらの店のほうが，安いでしょうか。予想をしてみましょう。 C．南店の方が安いと思う。だって，最初に2割引にして，安い値段に消費税をかけているから。元の値段の安いほうが安くなる気がする。 C．先生，計算をしてもいいですか。 T．いいですよ。電卓を使ってもいいですから，計算をしてみましょう。 C．北店……3000×1.05＝3150　3150×0.8＝2520 　　南店……3000×0.8＝2400　2400×1.05＝2520 C．あれっ，同じになった。 T．実はこの場合，同じになります。 　　もしも，それぞれの計算を1つの式に表すとどうなるでしょうか。 C．北店……3000×1.05×0.8 　　南店……3000×0.8×1.05 T．何か気づくことはありませんか。 C．わかった！本当に同じだ。 T．式を見てどうしてわかったのかな。説明できますか。 C．1.05と0.8を交換すると同じ式になるからです。 C．3000×1.05×0.8＝3000×0.8×1.05　となるから。北店と南店は同じ式になるでしょ。 T．なるほど。かけ算の交換法則を使っているんだね。 2．消費税について考える。 T．消費税5％をかけた金額を出すために，みんなは1.05をかけて計算しました。3000円のぬいぐるみが3150円になるので，消費税の金額は，150円ですね。 　　Aさんは，消費税を，次のようにして計算しています。 　　定価の一の位の0を1つ取る。その金額÷2をする。 　　この計算のしかたで消費税を出してみると， 　　3000の一の位の0を1つとって，300。 　　300÷2＝150　消費税5％の金額が150円と出ます。 C．どうして消費税が計算できるのかな。 T．では，5000円のグローブの消費税5％を，このAさんの方法で計算してみましょう。 C．5000の一の位の0を1つとって，500。500÷2＝250　250円になりました。 C．5000×0.05を電卓で計算すると確かに250になります。 C．本当だ。このやり方でできる。 T．どうして，この方法で消費税5％の値段が出るのかな。 　　考えてみましょう。 C．0をとるってことは，$\frac{1}{10}$をするということだから，全体の10％にあたる金額を求めています。その金額を÷2するから，5％にあたる金額を求めていることになります。 C．図に表すと，こうなります。 　　10％の半分，5％ 　　0を1つとる。 　　$\frac{1}{10}$だから，10％ 　　100％ T．それでは，ノートに図をかいて，となりの友達に説明をしてみましょう。	○全員に挙手をさせて，意思表示をさせる。 ○割合の計算を苦手とする子どもには，丁寧に指導する。特に，2割引の計算を×0.2としてしまう間違いがよくあるので，注意する必要がある。 ○どんな内容を使っているのかを価値づけるようにする。 ○「Aさんの方法」として，特別な消費税の計算のしかたを，例を示しながらわかりやすく紹介する。 ○手がつかない子どもには，図をかいて考えるように促す。また，0をとるということは，もとを100％とすると何％にあたる数になるかを考えさせる。 ○線分図の枠組みを用意しておき，そこに書き込ませるようにして，図を表していく。 ○「0をとる」「÷2をする」ということの解釈を，全ての子どもができるように配慮する。

（筑波大学付属小学校　盛山隆雄）

算数　時刻表を読もう！

年　組　番　なまえ

問題　関東地方を走る「特急わかしお」は，JR京葉線の線路を通って，多くの駅を通過します。

▶ たかしさんは，東京駅を午前11時に発車する「特急わかしお7号」に乗りました。このとき，たかしさんが舞浜駅を通過するのは，11時何分ごろになりますか。

下の時刻表（一部）を見て，算数を使って予想しましょう。（　　　　　）

京葉線・特急わかしおの時刻表（一部）　　（2006年10月休日用）

駅　　　名		営業キロ	京葉線[普通電車]	[特急]わかしお7号	京葉線[快速電車]
東京	とうきょう	0.0	10:53	11:00	11:02
八丁堀	はっちょうぼり	1.2	10:55	レ	11:04
越中島	えっちゅうじま	2.8	10:57	レ	レ
潮見	しおみ	5.4	11:01	レ	レ
新木場	しんきば	7.4	11:03	レ	11:10
葛西臨海公園	かさいりんかいこうえん	10.6	11:09	レ	レ
舞浜	まいはま	12.7	11:12	レ	11:15
新浦安	しんうらやす	16.1	11:21	レ	11:19
市川塩浜	いちかわしおはま	18.2	11:24	レ	レ
二俣新町	ふたまたしんまち	22.6	11:28	レ	レ
南船橋	みなみふなばし	26.0	11:31	レ	11:26
新習志野	しんならしの	28.3	11:34	レ	レ
海浜幕張	かいひんまくはり	31.7	11:38	レ	11:31
検見川浜	けみがわはま	33.7		レ	11:34
稲毛海岸	いなげかいがん	35.3		レ	11:36
千葉みなと	ちばみなと	39.0		レ	11:40
蘇我	そが	43.0		11:30	11:44

＊「営業キロ」とは，東京駅からその駅までの道のり(km)のことです。
＊「レ」の印の駅は，電車が止まらずに通過します。

解説

出題の意図

⑥「読める(分析)」活動

- 実際の時刻表を読んで考える。比例の関係に着目するよさに気付き，日常生活の中で目的に応じて，伴って変わる2つの数量の関係を調べることが目的である。
- 「電車の道のりと時間が比例している(等速度で移動している・平均の速さで移動している)」ものとして，道のりから所要時間を求めさせたい。

正答例

<蘇我駅までの道のりと時間で考える>

- 分速を計算する。

    30分間に43.0km進むので，　$43 \div 30 = 1.43\cdots$

    「特急わかしお7号」の分速はおよそ1.4km。舞浜駅までは12.7kmなので，$12.7 \div 1.4 = 9.07\cdots$（約9分）

    <u>答え．(午前)11時9分ごろ</u>

- 1kmを進むのに何分間かかるかを計算する。

    30分間に43.0km進むので，　$30 \div 43 = 0.69\cdots$

    「特急わかしお7号」は1km進むのにおよそ0.7分間かかる。　$0.7 \times 12.7 = 8.89$（約9分）

    <u>答え．(午前)11時9分ごろ</u>

- 比が同じと考える。

    $43.0(\text{km}) : 12.7(\text{km}) = 30(\text{分}) : \square(\text{分})$　　$\square = 8.86\cdots$（約9分）

    <u>答え．(午前)11時9分ごろ</u>

<駅の数と時間で考える>

- 駅間の距離を等しくみる。

    舞浜駅は東京駅から6駅目，蘇我駅は東京駅から16駅目なので，東京－蘇我間にかかる時間の$\frac{6}{16}$の時間で到着すると考えた。　$30 \times \frac{6}{16} = 11.25$（約11分）

    <u>答え．(午前)11時11分ごろ</u>

- 1駅進むのにかかる時間を等しくみる。

    蘇我駅まで16駅あって，30分かかっている。1駅進むのにかかる時間は，　$30 \div 16 = 1.875$

    1駅あたり約1.9分かかっている。舞浜駅までは6駅あるので，　$1.9 \times 6 = 11.4$（約11分）

    <u>答え．(午前)11時11分ごろ</u>

第4章　活用力を育てる問題と授業の在り方

＜普通電車と快速電車と「特急わかしお7号」の止まる駅の数の違いから考える＞

　東京駅から数えて舞浜駅は，普通電車では6駅目，快速電車では3駅目である。普通電車は快速電車より，3駅多く止まって6分（19－13＝6）多く時間がかかっている。つまり1駅あたり2分多くかかっていることになる。特急わかしお7号では東京駅から1駅目になることを考えると，快速電車より2駅止まる駅が少なくなるので，快速電車よりも4分前に，舞浜駅を通過する。

答え．（午前）11時11分ごろ

指導のために

○位置付け
　6年「単位量あたりの大きさ（速さ）」，「比」，「比例」の学習後
○用意するもの
　電卓

授業展開例

学　習　活　動	留　意　点　など
T　電車に乗って，駅を通過していく様子を見たことはありますか。この問題にある「特急わかしお7号」は舞浜駅には止まりませんが，何時何分頃通過すると思いますか。 C　普通電車だと，東京駅を発車してから19分後。 C　快速電車だと，東京駅を発車してから13分後。 C　「特急わかしお7号」は，途中の駅に止まらないから正確には分からない。	・駅や通過する列車の中から見える様子を写真で見せ，列車が駅を通過する様子などを見せられるとよい。
「特急わかしお7号」は，およそ何時何分頃，舞浜駅を通過するだろう。 T　それでは調べてみましょう。 【蘇我駅までの道のりと時間で考える】 ＜分速を計算する＞ C　30分間で43.0km進むので， 　　43÷30＝1.43…　で，およそ分速1.4km。 　　12.7÷1.4＝9.07　で，およそ9分後。	・答えの見通しとして，「特急わかしお7号」のかかる時間は，13分より短くなることに気づかせる。 ・比例の関係を使うと効率的に処理できた経験から類推して，比例と見なすと処理できることに気づく。（類推的な考え方）

<1kmあたり何分かかるかを計算する> C　30分で43.0kmなので， 　　30÷43 = 0.69…　で，およそ0.7分間かかる。 　　0.7×12.7 = 8.89　で，およそ9分後。 <比が同じと考える> C　43.0km：12.7km = 30分：□分　で，およそ9分後。	・駅までの道のりとかかる時間との関係を比例と見なして，列車の通過時刻を調べることができる。（理想化の考え） ・計算途中での有効数字の取り方により，同じ考えであっても，答えが変わることにも配慮する。
【駅の数と時間で考える】 C　舞浜駅は東京駅から6駅目，蘇我駅は東京駅から16駅目なので，$\frac{6}{16}$の時間で到着すると考えた。 　　30×$\frac{6}{16}$ = 11.25　で，およそ11分後。 C　蘇我駅まで16駅で30分かかっている。 　　30÷16 = 1.875　で，1駅あたりおよそ1.9分間。 　　舞浜までは6駅あるので， 　　1.9×6 = 11.4　で，およそ11分後。	・東京駅から蘇我駅までは，東京駅と蘇我駅を合わせると17駅ある。間の「駅の数」15でわる子どももいるが，こういう子どもに対しては，駅と駅の「間の数」が関係していることに気づかせ，間の数は16であることを確認する。
【普通電車と快速電車と「特急わかしお7号」の停車駅の数の違いから考える】 C　普通電車は快速電車より，3駅多く止まって19－13 = 6で，6分間多くかかっている。 　1駅あたり2分多くかかるといえるので，「特急わかしお7号」は，快速電車よりもあと2駅止まる駅が少なくなると考えられる。 　　2×2 = 4　13－4 = 9で，およそ9分後。	
T　それぞれのやり方の，同じところ・違うところを言いましょう。 C　比例として考えている。 C　比が同じとして考えている。 C　分速や，1駅にかかる時間を平均して考えている。 T　実際に乗ってみると，9分ちょっとかかってしまいました。 C　駅の数と時間で考えるよりも，道のりと時間で考えたほうが正確だ。 T　詳しく考えると比例ではない事象でも，平均すると比例していると考えることで，ある程度物事を解決することができるのですね。	・比例と考えて解決する方法のよさに触れる。 ・実際のわかしお7号に乗ると，9分ちょっとで舞浜駅を通過することを確認させる。

（山形大学地域教育文化学部　笠井健一）

算数 音の速さを考えよう

問題 音にも速さがあります。音の速さは気温0℃のときに1秒間に331m進みます(秒速331m)。しかし、気温が上がっていくと、音の速さは速くなっていきます。
次のグラフは、気温が上がっていったときの音の速さ

気温が上がっていったときの音の速さの変わり方

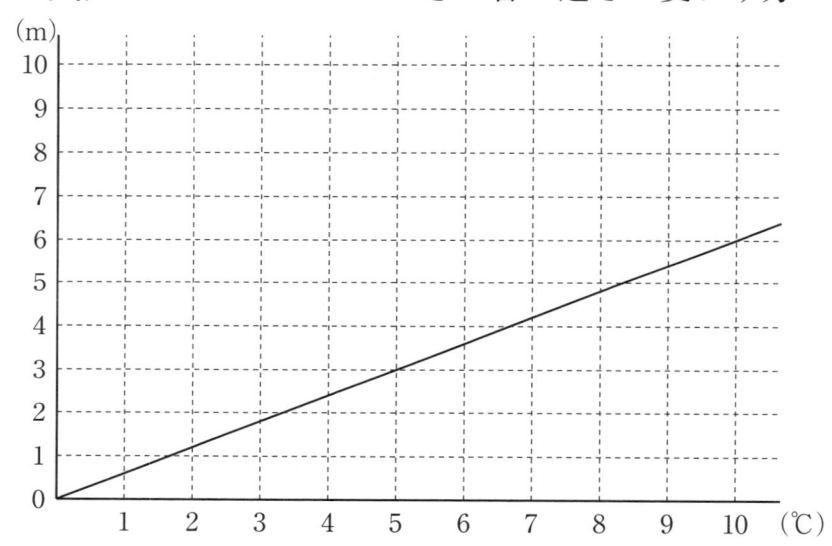

① たとえば気温5℃のとき、音の速さは気温0℃のときより秒速3m速くなって、気温5℃の秒速は334mになります。
気温が上がっていったとき、気温と音の速さの変わり方の間には、どのような関係がありますか。

(　　　　　　　　　　　　　　　　　　　　)

② 気温が1℃上がると、音の速さは秒速何m速くなりますか。

(　　　　　　　)

③ 気温が□℃上がったときに，音の速さが秒速○m速くなる関係を，□と○を使った式に表しましょう。

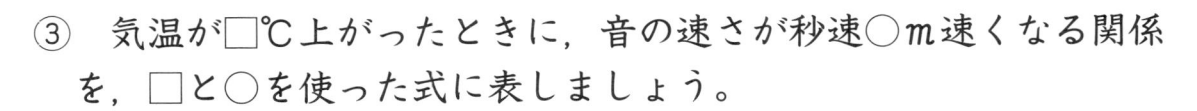

( )

④ 気温10℃のときの音の速さを求めましょう。

気温0℃のときに，音は1秒で331m進んでいることに気をつけよう。

( )

⑤ さとみさんとたつやさんは登山に行きました。山頂でお弁当を食べていると空で雷が光り，それから8秒後にドドーンと雷が落ちた音がしました。山頂から何mはなれたところで雷が落ちたといえますか。このときの気温は20℃でした。

( )

解説

出題の意図

②「広げる（応用）」活動
④「繋げる（関連）」活動
⑥「読める（分析）」活動

　速さの問題は文章問題等ではよく出てくるが，日常生活に結びつかないものが多い。この問題では，理科的な要素を含みつつ，実際の日常生活の中で活用できるようにしたいと考えた。

- ①では，グラフの読み取りができるかどうかをみる。
- ②③では，グラフから読み取った規則性を立式化できるかどうかをみる。
- ④では，基本的な比例式に331 mを加えることに気づけるかどうかをみる。比例の考え方の応用力が必要となる。発展的ではあるが，問題の中の言葉を読んで理解させたい。
- ⑤では，音の速さをグラフの特性や関係式をもとにして求め，速さ，時間，距離の関係を活用できるかどうかをみる。

正答例

① ・比例している。
　　・気温が1℃上がるごとに，音の速さは秒速0.6 m速くなる。

② $3 \div 5 = 0.6$　　答え　（秒速）0.6 m

③ $\bigcirc = 0.6 \times \square$

④ $\bigcirc = 0.6 \times 10$
　　　$= 6$
　　$331 + 6 = 337$　　答え　（秒速）337 m

⑤ （気温が20℃のときの音の速さ）
　　$\bigcirc = 0.6 \times 20$
　　　$= 12$
　　$331 + 12 = 343$

　（山頂から雷が落ちたところまでの距離）
　　$343 \times 8 = 2744$　　答え　2744 m

指導のために

○位置付け

6年「速さ」，「比例」の学習後

○この問題を解くために必要な用意と指導

・実際の音速については，気象条件等で異なる部分もあることを踏まえて指導する必要がある。
・音にも速さがあることを子どもに伝え，実際に音速を測定する実験なども行うと効果的である。

授業展開例

学 習 活 動	留 意 点 な ど
T：音にも速さがあります。音の速さの変化と気温にはどんな関係があるでしょう。グラフから気づくことを話し合いましょう。 C：音の速さは，1℃気温が上がると0.6m速くなります。 C：比例のグラフになります。 T：それでは，関係を式にできますか。 C：○＝0.6×□です。 C：0℃で331m進むことを考えると，比例の関係式から出た速さに331をたせば，音の速さが求められます。	・グラフから2つの量の関係に注目できるようにする。 ・比例の関係式をもとに，その発展として音の速さが理解できるように十分な時間を使えるとよい。
（展開） T：（⑤の問題を発問） C：1秒間で進むきょりの8倍です。 C：1秒で進むきょりを求めます。 C：気温は20℃です。 　（条件がそろったら計算をする。） C：2744mです。	（展開） ・気温20℃のときの音の速さを求める必要性に気づかせる。 ・諸条件を整理して全体で話し合いながら進めていき，最終的にノートの文章でまとめると効果的である。

（昭和女子大学附属昭和小学校　鈴木純）

こんなときには どのグラフ？

問題1 あ い う の3つのグラフがあります。

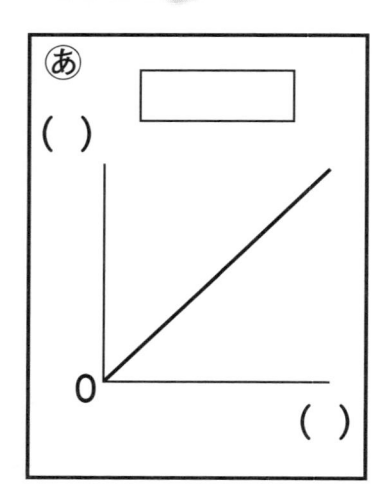

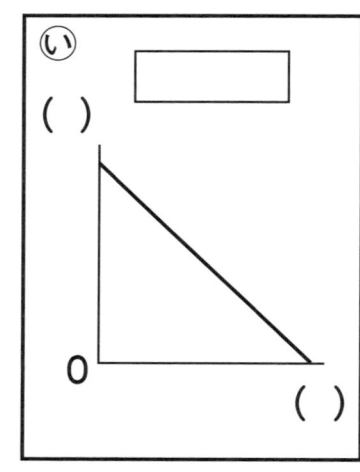

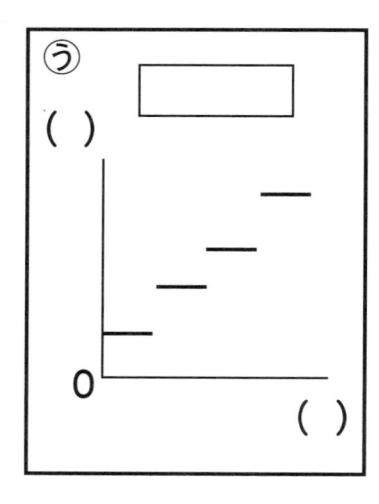

● 次のような関係は、あ から う のどのグラフで表せるでしょうか。理由も説明しましょう。

① 時速40kmで走る車が、走った<u>時間</u>と<u>きょり</u>。

・グラフ（　　　　）

・理由　（　　　　　　　　　　　　　　　　　　）

② 30分ごとに50円ずつ料金のかかる自転車置き場を使ったときの、使った<u>時間</u>と<u>料金</u>。

・グラフ（　　　　）

・理由　（　　　　　　　　　　　　　　　　　　）

|なまえ| 年　　組　　番 | |

③　家を出て学校に向かって歩いているときの，家から現在地までの道のりと現在地から学校までの道のり。

　　・グラフ（　　　　）

　　・理由　（　　　　　　　　　　　　　　　　　　　　）

問題2　あから⑤のグラフで表せるのは，他にどんな場面があるでしょうか。日ごろの生活を思い出して，書いてみましょう。

・あのグラフ

・⑪のグラフ

・⑤のグラフ

解説

出題の意図

③「使える(適応)」活動　算数の内容を日常生活に生かす学習。
⑥「読める(分析)」活動　表やグラフを読める。

小学校で学習するグラフには，以下のような種類がある。

- ・絵グラフ(2年)
- ・棒グラフ(3年)
- ・折れ線グラフ(4年)
- ・帯グラフ(5年)
- ・円グラフ(5年)
- ・比例関係のグラフ(6年)
- ・ダイヤグラム(発展)
- ・階段状グラフ(発展)
- ・柱状グラフ(発展)

それぞれの特徴を理解し，正しく読み取ったり適切にかいたりすることができるようにすることが大切である。設問のあからうは，一方の値が変化するともう一方の値も変化するグラフである。伴って変わる2量に着目し，場面に適したグラフを選択したり，グラフを活用できる場面を問うたりしている。

あは，一方が増加するとき，もう一方も増加する比例関係を表している。

いは，一方が増加するとき，もう一方が減少する関係を表している。反比例と間違えやすい関係だが，積ではなく和が一定のグラフである。

うは階段状グラフである。あといが連続量を表しているのに対し，一定区間同じ値をとる。

正答例

1. ① （答え）あ　　（理由）時間と距離は比例しているから。
   ② （答え）う　　（理由）30分間は同じ料金で，30分ごとに50円ずつ増えるから。
   ③ （答え）い　　（理由）家から現在地までの道のりが増えると，現在地から学校までの道のりが減るから。
2. あ　円の半径と円周の長さ　など
   い　鉛筆の長さと削った鉛筆の長さ　など
   う　郵便料金，タクシー料金　など

指導のために

〇位置付け
　6年「伴って変わる2つの量」の学習後

○この問題を解くために必要な指導

「伴って変わる2つの量は?」「比例関係は?」という視点で日常生活を見直すことが必要である。しかし，このような視点を持つことは難しいと感じる子どもが多いのではないだろうか。そこで，導入部(問題把握)で問題1を一緒に解いたり，「伴って変わる2つの量」「比例関係」探しを学級全体で行ったりして，視点をはたらかせるウォーミングアップをするとよい。あるいは数日かけて，日常生活から各自が探す時間を持つのもよいだろう。日常生活の中に様々な「伴って変わる2つの量」「比例関係」を見つけて，算数の学習が生かされていることに驚くことと思う。また，このような機会を持つことで，子どもが算数のよさにも気づくのではないだろうか。

授業展開例

	学習活動	留意点など
問題把握	T．(問題用紙を配布) 　これまで学習したことを生かして，問題1を解いてみましょう。 C．問題1を解く。	・場面理解につまずく子どもには，問題に即して実際の場面を半具体物などを使って個別指導する。
自力解決	T．これまで学習したことを生かして，問題2を解いてみましょう。 C．既習事項を生かして，自分なりの考え方で問題2を解く。 　解き終えたら，題意に即して正確に解答しているかを見直しする。 T．1つの場面を考えることができたら，他の場面も考えてみましょう。 　自分の考えた場面とそれを表すために選んだグラフの説明を練習しましょう。 C．自分の考えた場面とそれを表すために選んだグラフの説明を画用紙にかく。 　「言葉」「式」「図・絵」などを活用する。 　友達にわかりやすく説明する練習をする。	・答えは1つに限られたものではなく，「自分なりの解答(場面)」でよいことを伝える。 ・できるだけたくさん発表させ，日常生活に様々な「伴って変わる2つの量」「比例関係」があることに気づかせる。 ・既に終えた子どもには，複数の場面を考えさせたり，わかりやすい説明の仕方を考えさせたりする。
検討・まとめ	T．自分の考えた場面とそれを表すために選んだグラフの説明をわかりやすく発表しましょう。 C．自分の考えを発表する。 　・疑問を質問する。 　・題意に即して正しく解答しているかみんなで検討する。 T．日常生活にはたくさんの「伴って変わる2つの量」や「比例関係」があることに気づかせ，それらを算数で表せることを伝える。	・全員が自分なりの考えを発表し，それに対して意見や質問を伝え合える時間をつくる。 ・児童数が多いなど，全員発表が難しい場合は，少人数グループ(班など)で発表を行わせ，全体発表は数名にする。

(目黒区立東山小学校　守屋大貴)

第5章

座談会
―算数における活用力とこれからの算数―

<座談会参加者>

坪田耕三先生　筑波大学附属小学校副校長
大澤隆之先生　学習院初等科教諭
笠井健一先生　山形大学地域教育文化学部講師（元東京都小学校教諭）
盛山隆雄先生　筑波大学附属小学校教諭
守屋大貴先生　目黒区立東山小学校教諭
鈴木　純先生　昭和女子大学附属昭和小学校教諭

坪田　今日は，この書籍の執筆にあたっていただいた先生方にお集まりいただきました。この書籍を通してのテーマでもありますが，「活用力」という言葉をキーワードとしてお話を伺っていきたいと思います。今年（平成19年）の4月に文部科学省が学力調査の中で「活用」問題を出題したことに端を発して，算数教育の中で活用力が必要なのではないかということが出てきています。なぜ活用力というものが取り上げられるようになったのかということについて，ご意見をお願いします。

1．なぜ今，活用力か

鈴木　戦後行われてきたいわゆる詰め込み教育自体は，ある程度成功したと思いますが，その結果として，「算数の楽しさがわからない。」という子どもが増えてしまいました。そこで「ゆとり教育」が始まったわけですが，楽しむことに重点を置いた結果，PISA（*1）やTIMSS（*2）の結果からもわかるように学力が落ちてしまい，今度は「学力をつけなければ」という方向に向かっているのが現状であると思います。

ただ懸念しているのは，昔の詰め込み教

*1　PISA…*Programme for International Student Assessment*（OECD生徒の学習到達度調査）
*2　TIMSS…*Trends in International Mathematics and Science Study*（国際数学・理科教育動向調査）

育に単純に回帰してしまうことです。計算力にしても考える力にしても「使ってみよう。」という気持ちがなければ，本当の力にはなりません。そこで，今「活用力」が大切になってきていると考えています。

坪田 戦後一貫して「考える力を育てる。」ということが目標であったことは，皆が認識しているところでしょう。しかし，学習指導要領改訂のたびに振り子が振れ，学力が落ちているという現状への対処法として，考える力も加味した「使える力」が必要になってきたということなのでしょう。

笠井 「考える力」を育てるためには，「問題解決型」の授業をするとよいということはずっと言われてきました。予め方法と結果の「予想」をしてから授業に臨み，最後に方法と内容の「まとめ」をして授業を終えるわけです。ところが，子どもに「予想」と「まとめ」の両方をさせるというのは難しく，多くの教師はできていないのではないでしょうか。そこで，ある程度内容をおさえた段階で，「同じ考え方でできることは他にないか。」というように発展的に考えさせていけばよいと思います。

　これまで，一方では考え方を身につけさせるための授業と，もう一方では内容を教え込む授業という両極端の授業がありました。それぞれやっていてもなかなかうまくいかないので，その途中段階として「活用していく」「活用を主に置く」授業を考えることで，目指すべき問題解決型の授業につながりやすくなるということではないでしょうか。

坪田 問題解決型の授業をより充実させるための考え方ですね。授業で単に「解く」だけでなく，それをいかに使うか，いかに発展させるかということを子どもにさせることで，力がつくということでしょう。

守屋 「活用」という言葉をよく耳にするようになりましたが，これまでの算数の授業と比べ，目新しいとは感じていません。これまでも「考える力」「問題解決」というようなことを考え，授業で取り組んできたわけですが，その取り組みと大きな違いはないと感じるからです。しかし，算数以外の教科を専門にして取り組んできた教師にとっては，「知識や技能だけでは十分ではないんだ。」というように，意識を変え，授業を変えていくうえで，「活用」という言葉がインパクトのあるものになっているとも思います。

　「学校でやったことや算数で学んだことは役に立たない。」というような話題もありますが，子どもが，学んだことや算数でやったことが役に立っていると感じたり，考え方が生かされているというようなことを実感したりできれば，学ぶ意欲につながるのではないかと感じています。

坪田 知識・技能だけではない算数を目指すということは，算数に興味のある教師はこれまでもずっとやってきたことですよね。教室での算数が日常の生活に生かせるということに子どもの目を向けられれば，算数のよさを見直せるということなのでしょう。

盛山 「活用力」というのは，「これまでの学力観に新しくプラスされたもの」というように感じています。これまでも学習指導要領には，「数学的な考え方」がねらいであり重要である，という文言は必ず出てきていましたが，知識や計算のスピード・正確さなどが「学力」であるという見方が世

坪田耕三先生（筑波大学附属小学校副校長）

間には根強くあり，なかなかそれを打破できませんでした。子どもに対して，そういったように勉強を進めてしまっていた部分が，算数では特に強くあったのではないでしょうか。

その反省に立って考えると，知識や考え方が何の役に立っているのかということを，子どもに生活の中で意識させていくと，「算数はこういうことに役立っているんだ。」ということが子どもにわかるようになり，やる気につながります。発信元はPISAの調査で，日本の学力がずいぶん下がったことにありますので，スタートとしては国際的な学力調査に影響されているかもしれませんが，肯定的に捉えれば，「活用力」というのはすごくよい考え方と言えるのではないかと考えています。

坪田 新しい学力観がプラスされたという考え方はおもしろいですね。次期指導要領の観点を3つにしようという案もあり，その中で「活用力」という言葉が表に出てきていることからしても，新しい学力観をプラスしたという考え方に近いのかもしれません。

大澤 算数で目指すものは，問題解決をするときにいろいろな考え方ができる子どもを育てることです。やり方だけを理解していたのでは，十分な活用はできないのです。ですから「活用力を育てる」ということは，「問題の構造を理解し，構造を変えて新しいものを作る」という創造力に直結するものなのです。

平成10年の学習指導要領改訂で「創造性」が大切だということが謳われ，算数・数学は「創造性の基礎を培う」教科だと位置づけられました。そして，「自ら進んで数理的考察を活用しようとする態度を育てる。」という方針が強調されました。ところが，PISAの調査ではその効果が思わしくなかったわけです。これは，知識・理解や表現・処理などの「見える学力」で学校を競争させる動きが出たことが，「活用する態度や能力を高める」ことを大きく阻む力になったからではないでしょうか。

そこで「見えない学力の中の活用する力を見えるようにする」ことが，今回の授業改善の手段です。今回の調査で，活用力をはかることは十分可能であると認識されましたが，それだけでは活用力が身につく子どもはなかなかできない，ということに，皆が気づき始めたところであると思っています。

坪田 創造性というものは，実際の場面になって初めて考えることが多いわけです。そういったことに関連付けながら，単なる暗記主義から脱却しようという意図もあって文部科学省は今回のような学力調査を実施したのですが，その結果として，現場では「説明できる力を子どもにつけてなかった。」という騒ぎになっているのではないでしょうか。

それぞれよい視点を持って活用力についての考えを話していただいたので，次はもう少し具体的に，「どんな活用力が必要か。」というテーマで話していただきたいと思います。

2．どんな活用力が必要か

笠井 今までの算数の文章問題というのは，単元で学習した内容に限定された問題が多かったのですが，「活用力」と言われたときの問題解決能力とは，どの内容を使えばよいのかわからない状態で，何とか問題を解こうとする力であると考えています。

身近な例で言いますと，教科書の巻末にある「どんな計算になるかな」というような演算決定の問題で，どの計算を使うのかを考えるということも，いちばん簡単な活用力であると思っています。学習したどの内容を使えば解けるのかということを，自分で考えて使える子どもになってほしい，というところまで視野を広げて問題解決能力を育成したいと考えています。

盛山 学校を出てしまったら「勉強からは解放された」と思って，勉強をしなくなるような大人になっては困ります。学校にいるときに，いつも日常生活や身の回りのことに算数が使えるということや，こういう目的で算数をやるということを意識できていれば，卒業してもずっとそういう気持ちで学んでいけると思います。

「どんな活用力が必要か」ということですが，第一に必要なのは，自分で問題を見つける目，課題を見つける態度だと思います。そういった意識が全くないと，日常は算数・数学に全く関係がない世界として通り過ぎてしまいます。まず授業において，そういった活用力を身につけさせることが必要になります。自分で課題や問題が見つけられて，算数を使ってみようと思う気持ちがあれば，それが例え解決できなかったとしても，人に訊いたり，友だちと一緒に解決しようとしたりすることで，算数は楽しいものになるのではないでしょうか。

次に必要となるのは，情報を選択・整理する力です。この力をつけるためには，授業で条件に過不足のある問題を扱う必要があります。そして，うまく情報を選択して条件を整えられたときに，この計算ならかけ算だ，これならわり算だ，というように数学的に解釈する，または数学的に式で表現する，という，本当に算数・数学の中身が必要になってくるのです。いよいよ解決に至るというときには，筋道を立てて考える力も必要になります。そして，解決したあとには必ず振り返って，これがいつでも使えるのか，一般化できないかということも考えます。順を追って考えていくと，活用力はたくさんあります。「活用」というもの自体が一連の流れであって，「活用力はこれだ。」と言い切ることはできません。

坪田 学校の教室で学ぶという体験がおもしろければ，学校を卒業してからもよい学びができるという考え方ですね。「学ぶ」という体験をコーディネートする立場にある教師がうまくできないと，「学ぶことがおもしろい。」ということを味わえないことになります。

盛山 おそらく子どもにとって，実際に日常生活の中で算数を使うという場面はすごく少ないと思います。だからといって活用しなくてよいというのではなく，あえて学

大澤隆之先生（学習院初等科）

校の教育の場で擬似的な場面を作って，そこに算数を当てはめて学びの場をつくる，ということが大切なのだと思います。

坪田 日常の事象に当てはめなければならない，という縛りが非常に強くなってしまうと，「抽象化を楽しむ」という，算数が持つ「学ぶ楽しさ」から離れてしまうことにはならないでしょうか。

盛山 いつでも場面を日常生活に置こうとすれば，当然無理が生じます。目的をしっかりと持たせられれば，日常生活とは関係ない場面であってもよいと思います。

笠井 例えば，4年生では「整理のしかた」という学習をします。多くの教科書では保健室の場面で，けがの種類やけがをした場所などを表にまとめるようになっています。そこで今年は実際にけがについて調べてみたところ，やはり教科書とは違う結果が出てきました。一度に2つのけがをしたりすることもあり，きれいに整理しきれないことも日常では起こりえます。教科書のケースは理想化された日常ですので，実際の日常で起こったことをもう一歩踏み込んで生かしていくことも活用ではないのかなと思います。

大澤 知識や技能を日常生活で活用する力というのも，活用力の1つではありますが，「様々な課題解決のための構想を立てて，実践し，評価・改善する力」というのも，活用する力として文部科学省では掲げております。こちらの力も必要だと思います。

例えば1年生では自由に色板を並べるという授業があります。このときに大切なのは，「つくれる力」＝「"つくろう"と思った形をつくる力」なのではないでしょうか。単に自由につくらせるのではなく，「こういう形をつくろう」という課題を与えて考えさせることも大切です。

低学年で大切な活用力というのは，この「つくれる力」と「説明しようとする力」だと思います。こういった力を1年生の頃から育てていきたいのです。なぜたし算を使うのかというようなことを説明する，きまりを見つけようとする，という力が大切なのだと思います。

鈴木 盛山先生のお話には共感するところが多くあります。盛山先生と大澤先生のお話を伺って，「活用力」の中には，「日常のもの」と，いわゆる「算数・数学のもの」があると思いました。

先程大澤先生が，授業改善をしていかなければならないとおっしゃられましたが，私もその通りだと思います。そして授業改善をしていくうえで大切になる考え方が，2つあると思います。1つめは日常でどう使っていくのかということで，2つめは既習のことを教科の中でどのように活用していくのかということです。例えば，「三角形とは，3本の直線に囲まれた図形である。」ということを学んだときに，子どもが，「4本のときは。」「5本のときは。」と考えて，

四角形，五角形，…と考えていくことも，2つめの考え方にあたり，活用であると言えるのではないでしょうか。

必要な能力はいろいろあると思うのですが，まずは日常でも算数的に問題を発見する，発見しようとする「問題発見能力」です。これを低学年から培っていけば，高学年になっても自然とそのように考えようとします。次に「自己解決力」です。これは先程の「問題解決能力」と同義ですが，自分で解決しようとする意識を幼いときから育てないといけませんし，育てていくような場面をつくってあげることがすごく大切です。さらに，今までの体験や学んだことを"どのように"使って解決するかという意欲である「既習事項探索能力」，そして日常生活の諸条件がある中で，この条件は捨てる，これは使う，という「条件整理力」，最後に，解決した後に「なぜうまくいったのか。」「さらに活用できないか。」ということを考えて証明する「検証・証明力」といった力が必要になってくると思います。

大澤 やはり低学年のうちから，「きまりを見つけようとする」「説明しようとする」といった態度を育てていくことが，大切なのではないでしょうか。

坪田 そのためには，そういう活動が「おもしろい」と思える気持ちがないとだめですね。そして，そのおもしろさを感じるには，誰かほめてくれる人が傍にいないといけませんね。

盛山 子どもは，算数の授業のときにしか算数で学んだことを考えません。例えば体育・音楽・理科など他教科の授業では，算数・数学で習ったことを使おうという視点すらないでしょうし，学校から家に帰って

笠井健一先生（山形大学地域教育文化学部）

算数・数学を使ってみようという気持ちや態度，視点もないでしょう。その殻を破ることが，活用力の大切な視点の1つだと思います。ですから，実は日常生活の中で算数を使えることがあるんだよ，ということを学校で教えてやって，そのうえで「やってみたい。」という意欲が出てくれば，日常生活の中でも「これは算数・数学を使ったら解けそうだ。」というように，問題を発見する力につながるのではないでしょうか。算数だけの世界から飛び出して考えることができる子どもを育てないといけないと思います。一方で，既習事項を使って次の算数に生かすことも活用と言えます。これは今までも「類推する力」などと言われ，大切にされてきたものです。そして，そこにやはり「日常」という場面を与えるべきだと思います。台形や平行四辺形の面積を求めることが，日常に役立つことがわかる問題を出してやったら，子どもはそれまでの殻を破れると思います。

守屋 私も，活用力は日常とのつながりであると思います。算数の中や他の教科で活用できるということもありますが，やはり「日常で使えるんだ，つながってるんだ。」

盛山隆雄先生（筑波大学附属小学校）

というように子どもが感じられることが，関心・意欲・態度にもつながるだろうし，知識を高めたいという思いにもつながります。しかし，日常だけを扱っていたらおそらく行き詰まってしまうでしょう。子どもの周りにある日常事象だけで，算数で教えることがまかないきれるわけではありません。そのあたりは指導者側の料理のしかたで，うまく活用を導き出せるのではないかと思います。そして，習ったことは日常で生かせるんだ，という経験が積み重なっていけば，いま習っていることはすぐには生かせなくても，いつかどこかで生かせるかもしれないという視点を持つようになり，算数の授業に臨む態度も変わるでしょう。また，「日常の中で習ったこととのつながりを探してみよう。」「いつか見つかるのではないか。」というような示し方を日頃からやっておくことで，算数の中だけでの活用を示したときにも，子どもなりに何らかの発見をしながら学べるのではないかと思うのです。

笠井 PISA型学力と言われるものもそうですが，日常にあまりに縛られると，生活単元学習のように，子どもの身のまわりにあるところからスタートしなければいけないことになってしまいます。身のまわりにあることから学習を始めよう，ということが目的かというと，それが目的だとは言えないのではないでしょうか。授業として，どのようにやっていくべきかを考えないといけません。

坪田 では次に，活用力を育てるということから，「こんな授業をしたら，子どものこんな力が伸びる。」というような例を具体的に挙げていただきたいと思います。

3．活用力を育てる授業とは

守屋 例えば，習った内容を子どもが見直して，「ここでかけ算が使われていたんだ。」ということを見つけることで，習ったことを実感できるのではないでしょうか。そういった意味で，問題作りなどはよいと思います。問題を作るときにどのように情報を整理するかとか，友だちにどのことをどう伝えるかとか，そういったことを整理するということも必要で，いろいろな活用力を発揮できるのではないかと思います。

坪田 例えば，「机の上にミカンが24個あります。まわりに子どもが4人います。」という条件を使って問題を作ってみましょう，というようなものは典型的な問題作りとして昔からありました。そういう作問をすることによって身についたものを使える，という意味でよいのでしょうか。

守屋 ただ，日常の条件の中には算数の問題としてぴったりと当てはまらないものも多いのです。例えば今の問題例のような場面が実際にあったとしても，「1人では2個くらいしか食べられないから，たくさん余る。」というような答えが出ることも考

えられます。ただ，それでも「1人6個ずつはもらえる。」ということを見通す力は必要になりますし，「7個もらう人がいると，6個もらえない人が出てくる。」といったやり取りをするときに，算数の力が発揮されていると言ってよいのではないでしょうか。

鈴木 日常生活の中で生かすということがありましたが，小学生にとっての日常生活というのは，実は学校での生活が占める割合も非常に大きいわけです。この学校での生活を「日常生活」として捉えてもよいのではないでしょうか。そう考えるならば，他教科との繋がりもすごく大切ですから，例えば算数での学習内容を家庭科，国語，理科などで生かして，「こんなところでも使えるんだ。」という場面を私たちが紹介していくことも大切だと思います。

実際に，比例・反比例の学習をする際に，理科のてこの学習から授業に入ったことがありました。以前，反比例とてこの学習を別々にした際に，反比例は理解できているのに，同じ原理を用いたてこの学習になると全然できなくなってしまう，ということがあったからです。それで関連付けてやってみるということで，てこの原理をグラフにしてみると，反比例になっているということに子どもが容易に気付くことができました。

盛山 学校生活も，日常生活の一部と考えてよいと思います。昔の生活単元に戻るのではないかという議論もありましたが，「日常生活への活用」だけが活用なのではなくて，「算数・数学への活用」と「他教科への活用」のように，「活用力」はいくつかに分類することができます。中でも新しい

守屋大貴先生（目黒区立東山小学校）

ものが「日常生活への活用」であり，これは大切にしていかなければいけないと感じました。教科書を見ていくと，単元の導入問題はほとんどが日常生活とからめられています。ですから教科書を見るだけでも，活用の視点がたくさん入っているのです。

坪田 盛山先生は，活用力を育てるために，どんな授業をされていますか。具体的に授業の注意や工夫があればお願いします。

盛山 今までは算数・数学的な考え方から帰納的に考える，いくつかの事例からきまりを見つける，というようなことをよく意識していました。しかし今ではそこに，子どもにとってイメージがしやすい場面を持ってくるということをすごく意識しています。

坪田 その子どもが活動すること自体が数学的な意味を持っているのが理想的だと思います。例えば，「折り紙を折って紙飛行機を飛ばし，紙飛行機がどれだけ飛んだかを調べる」ときに，紙飛行機を飛ばすこと自体は算数となんら関係がありません。遊びというのは，算数に関連付く1つのきっかけでしかないのです。しかし長方形の折り紙の折り方を考えるなど，その前段階の

鈴木純先生（昭和女子大学附属昭和小学校）

活動から算数的な意味を持っていることが，最も大切なことではないでしょうか。日常と結びつけるときに，そのあたりに少し気を配るべきではないでしょうか。

大澤 学力調査の基本理念の中には「知識・技能等を実生活の中に生かし様々な場面に活用する力や，様々な課題解決のための構想を立てて実践し，評価・改善する力などに関わる内容」というものがあり，「日常生活」だけが必要な項目であるとされているわけではありません。日常生活だけというように捉えてはいないということが，文部科学省の立場なのです。もう1つは，日常生活ということをあまり強調しすぎると，生活単元学習の二の舞になる可能性があるということです。そのための時間ばかり取られて，本当に必要な部分を子どもが獲得できないままに終わってしまいます。日常生活といった見方をさせることは大切ですが，「できるだけ多くしていこう。」というような形で進めると，落とし穴があるのではないでしょうか。

笠井 私は，「どの既習の算数の事項を使ったらよいのか。」を選べることが算数の活用力だと思っています。また，「どの学習事項が使えました。」と説明できる力が，活用力としての説明できる力なのではないでしょうか。単に数や量の比較をするといっても，差の場合と倍の場合があり，差と倍でそれぞれ比べた2つの場面があったときには，どちらの考え方を取ったかを説明できることが必要になります。日常生活で，どの算数の内容を使うのかと自分の考えを説明する力，それこそが活用する力なのではないでしょうか。

盛山 社会生活では，理由を説明できないと納得はしてもらえません。ですから，わけを説明する力というのは大切です。わけを説明しようとするときに，自分が持っている知識や，算数の中のどの既習内容を使うかということで活用力が問われるのだと思います。中心の部分，少し深い部分に踏み込んで，わけを説明する，演繹的に説明するということが大切なのです。

坪田 子どもが「不思議だな。」と感じる場面を設定するのは，やはり教師です。そのうえで，子どもが「なぜ」を説明するわけですが，そのためにはみんなに共通の基盤があって，それを使わなければならないので，論理が必要になってきます。

　先生方のよいお話をたくさん聞かせていただいたところで，最後に，今のお話を念頭に置きつつ，これからの算数はどうあるべきかというご意見を伺いたいと思います。

4．算数のこれから

鈴木 いちばんに思うことは，算数に限らず，教科とは道具であるということを，教師も子どももわかる必要があるということです。ですから，その場面を覚えているだ

けでは，いずれ社会に出たときに使える道具にはなりません。では道具を知るためにはどうしたらよいのかというと，まず，しくみを知らなければいけません。これが算数の数的理論だと思います。そして道具の使い方が「活用」であり，上手に使えるようになる技術の向上が，いわゆる計算力なのだと思います。このように「これは何かに使うためのものなんだ。」「活用するためのものなんだ。」ということに意識を置いていないと，やはりその場限りの算数・数学になってしまいます。

これはアメリカの事例なのですが，1990年代にカリフォルニアで「ホール・マス」という算数の授業形態が取られました。生活の中から算数を，ということで，生活学習みたいな指導をずっとやっていたわけです。ところが，この授業をやった結果どうなったかと言うと，カリフォルニアの学力は大きく落ちてしまったのです。なぜかと考えたときに，要因はいくつかありましたが，その一つに，算数の内容を系統立てて教えられなかったということが挙げられます。つまり，自然発生的に起こった問題をその場で解決していくという方法なので，つながりを見つけられなかったのです。そして技術を向上させる場面が全くなかったので，一度使うとそれっきり，ということがあったようです。活用力を求めるために日常生活と結びつけることは大切なことですが，技術をつける，計算力をつけるということと，どのようにうまく織り交ぜて，カリキュラムをつくり，授業改善をしていくのか，ということが，これからの算数にとっての大きな課題になるのではないでしょうか。

笠井 既習事項をいかに選んで，組み合わせて使えるようにしていくか，ということが大切です。日常生活の場面であろうが新しい算数の場面であろうが，算数を学ぶことでそういうことができる子どもになってほしいと思います。また，算数が苦手だという教師も多いと思うので，やはりこれからの算数は，教師も子どもも「おもしろいな。」と思える問題をどんどん開発していって，「算数の授業って楽しいね。」という声が日本全国から聞こえてくるようにしていきたいと思っています。

守屋 ただ問題を解いて終わりではなく，そのことがどこの場面で生かせるのかということを意識づけられるような指導をしていかなければいけないなと感じています。日々やっていて感じることですが，切実な問題としては，子どもの学力差ということがあります。単に知識の習得だけでも，子どもをどのように見取るかが大事で，それを解決するために少人数に分ける，TTをやるなどということをしています。今回さらに見えにくい考え方「活用力」というものをどう見取りどう伸ばすか，「活用力」の学力差をどう判断してどう指導していくかということがなかなか見えない不安があります。あとは，そういったものを評価することもそうですし，限られた時数の中で教えていかなければいけませんので，系統立てて進めるということが難しくなります。だからといって，日常生活から離れたものを機械的に教えるのでは活用力は伸びないということは感じます。教科書の中でも，この単元ではここを活用として子どもに生かしてやってほしい，ということを教師が見破り，子どもに伝えられるように工

夫をしていかないと，時間だけがなくなって，追い立てられるような指導になってしまい，同じような失敗を繰り返してしまう気がします。問題意識を持ちながら指導していくことが大切かなと改めて思いました。

盛山 私は，今5年生の算数の授業をするときに，パズルの『数独』を使っています。半分くらいの子どもは大好きです。数独は日常生活とはほとんど関係なく，子どもにとっては考えること自体が楽しくてしょうがないというものです。ただ，考えてみますと，子どもはあのパズルの論理を算数で培っていたのかもしれません。算数で培った論理を使っていても，自分が使っているということをわかってはいません。やはり，考えること自体を楽しむ子どもを育てたいのです。もちろんそれができていない子どもたくさんいますので，今学んでいることのよさや，学んでいることの価値をはっきりと実感させながら，算数の授業をしていきたいと思います。そうすれば，子どもはきっとおもしろいと感じて，今学んでいることを使って問題を解決できたとき，すごく楽しくて好きになると思います。今学んでいることや算数のよさを実感させることは活用力だと思います。そうしながら，算数の授業をしていきたいと思います。

大澤 日本は，これまでの加工貿易立国から，知識産業立国に変わろうとしていると思います。その中で大切なのは，創造性ではないでしょうか。創造性を豊かにするには，まず方法を真似る力，そして問題の構造を数理的に見極める力が必要だと思います。例えば授業の中では，「なぜ」「～を変えてみると」などや，「まとめて言えないだろうか」というような言葉をキーワードにしていく必要があります。そして，もう1つ大切なことは，視点を変える力です。ある面からだけではなく別の面から見てみたらどうか，というように多面的に物を見る力などが大切なのではないでしょうか。ですから，人の考えをよく聞いてそして振り返る，というようなことが大切になってきます。そういう授業を目指していったらよいのではないかと思います。

坪田 我々は教科書を中心に授業をやっているわけですが，教科書の内容だけの狭い世界にとどめるのではなく，少し世界を広げてものを見る目や，今まで学んだことと

つなげて新しい問題の解決をはかろうとする力を育てること，あるいは勉強したことを自分が生活しているいろいろな場面に使っていくことの大切さなどが，今までの授業の中では少し欠けていたのではないかと感じました。そして，今はそれを改善するためのいろいろな手法を考えるべきときであり，我々はこの本でそれをアピールしようとしていると言えます。

　何よりも，子どもが学ぶということは，新しい知識を得る喜びでありますから，それを自分で創るという体験を大いにさせていくということが我々の役目であろうということを，皆さんの話を伺って感じました。

　今日は，今話題になっている算数の活用力の捉え方とそれを育てるための授業，そしてこれからの算数ということをテーマに，先生方のお話を伺いました。ありがとうございました。

　　（2007年7月17日　於光文書院会議室）

【編者紹介】
坪田　耕三（つぼた・こうぞう）
　1947年，東京都生まれ。全国算数授業研究会会長，日本数学教育学会常任理事，ハンズオン・マス研究会代表。
　小学校指導要領解説 算数編 作成協力者，教科書「小学　算数」（教育出版）著者。

【執筆者一覧】
坪田　耕三　　筑波大学附属小学校副校長
大澤　隆之　　学習院初等科教諭
笠井　健一　　山形大学地域教育文化学部講師
盛山　隆雄　　筑波大学附属小学校教諭
守屋　大貴　　目黒区立東山小学校教諭
鈴木　　純　　昭和女子大学附属昭和小学校教諭

算数の活用力を育てる授業―1年生～6年生の20の実践例―
©Kouzou Tsubota

平成19年11月23日　第1版第1刷発行
平成23年12月1日　第1版第2刷発行

編　著―――――坪田　耕三
発行者―――――長谷川知彦
発行所―――――株式会社光文書院
　　　　　　　〒102-0076　東京都千代田区五番町14
　　　　　　　電話 03-3262-3271(代)
　　　　　　　http://www.kobun.co.jp/
カバーデザイン―株式会社象形社
編集協力――――株式会社加藤文明社

2007　Printed in Japan　ISBN 978-4-7706-1040-9　C3037
＊落丁・乱丁本は，送料小社負担にてお取り替えいたします。